HAUTE ENFANCE

Collection dirigée par
Colline Faure-Poirée

ÉMILE OLLIVIER

MILLE EAUX

Récit

GALLIMARD

Je ne prétends pas peindre les choses en elles-mêmes mais seulement leur effet sur moi.

Stendhal

Ce livre sera court, parce qu'au fond ce n'est qu'une épigraphe.

Ferdinando Camon

Magdalena, j'aimerais, pour toi, composer un chant
Comme poème, je voudrais qu'il soit magnifique
Comme vent, qu'il soit doux et lénifiant.

Magdalena, j'aimerais, pour toi, composer un chant
Qui t'arriverait sur la pointe des pieds
Comme un vent léger
Et apporterait le repos à ton âme tourmentée
Car là où va le vent,
Les âmes se couchent.

I

J'ai toujours vu mon père de dos. Un homme qui partait, qui s'en allait d'un pas tranquille. Oserai-je avouer que je n'ai jamais regardé mon père dans les yeux? Je n'ai souvenir ni de leur couleur ni de leur forme. Les avait-il d'un noir profond, d'un rouge de braise? Taillés en amande ou ronds de la rondeur d'une boule-pic, ces billes de cristal que, dans nos jeux d'enfant, nous appelions, allez savoir pourquoi, chelaines? L'idée même de lever la tête pour scruter son visage, que j'imagine aujourd'hui encore nimbé de lumière, me faisait courir des frissons le long de l'échine.

De mon père, tout ce qui me reste, ce ne sont que des reflets, des reflets d'ombres et de lumières. Il a disparu très tôt de ma vie et pratiquement ne m'a rien laissé. Mon héritage ne suffirait pas à remplir une boîte à chaussures d'enfant. Il se résume à une photo qui me renvoie l'image d'un homme svelte, à la peau hâlée, vêtu de coutil blanc, coiffé d'un canotier qui laisse dépasser un cercle de cheveux gominés. Le type même de l'homme des Caraïbes des années quarante. Dans mon héritage figure aussi une plume Parker qu'il m'avait offerte le jour de ma naissance. Mon père a toujours rêvé d'un fils écrivain, faute d'être lui-même poète, tare innommable pour un homme né dans la presqu'île du Sud, à Jérémie, une ville où foisonnent des rimailleurs qui se prennent tous pour Hölderlin. Et aussi une carte postale sur laquelle, malgré la patine du temps, on peut encore reconnaître la statue de la Liberté ; elle m'avait été envoyée de New York lors de son voyage de santé.

Les autres enfants de mon père, si je me fie au destin de mon frère Raymond qui, peu de temps après sa disparition, dut interrompre ses études, n'ont pas eu un traitement meilleur que le mien. Comme cela fait quelques lustres qu'il est mort, je ne garde de lui que des souvenirs vagues, qui s'estompent avec le temps. Je le vois de dos, encore ce dos, éclipsant le visage de ma mère, la silhouette de ma mère. D'elle, seuls les bras paraissent, entourant le dos de mon père. Je la devine tête renversée en arrière, raide, léthargique même, dans cette étreinte qui se veut pourtant frénétique. Où suis-je lorsque je contemple cette scène ? De l'autre côté du lit ? Tapi dans un coin ?

Récit de l'impossible accommodation à l'ordre rationnel, à l'ordre temporel, à l'ordre rythmique. Récit qui se meut dans une zone d'incertitude, zone de limbes, de lumière fugace, de scintillements évanescents. Récit de la délitescence d'un temps que je visite à pas de chapardeur. Comment capter la lumière réfractée par le prisme irisé des souvenirs d'une époque révolue? Comment parvenir à reconstituer, à travers les brumes du passé, la carte de l'enfance? Comment dire le flou des couleurs, le demi-jour d'images qui s'effacent, le déferlement des sensations d'antan? Et cependant je veux, comme à l'encontre des marées montantes, nager vers ces années truquées, vers ces années de mots en défaut. Je retrace des ombres resucées, des présences labiles, des absences lancinantes. Je traque les échappées de ma mémoire et je rapporte les émotions de moments flottants vécus dans ce microcosme que n'épargnaient pas les tourmentes de la Seconde Guerre mondiale; et je rapporte des impressions de moments incertains vécus dans cette terre perdue de la mer des Caraïbes où sous l'Eldorado apparent, couvaient violence, désastres, décombres, ruines.

J'ai traversé ma vie en courant, coudes au corps sans jamais me retourner, le souffle haletant, boulinant comme poursuivi, soldat en déroute sous la mitraille. Les champs de bataille n'étaient que de longs couloirs d'hôpitaux et les coups de feu, des portes qui claquaient au vent, des coups lents, persistants de la maladie, de la souffrance et de la fatigue. Ai-je atteint aujourd'hui ce havre, cette oasis dont j'ai tant rêvé? Ai-je pris pied sur l'autre rive? Je sais seulement que maintenant je suis heureux d'être encore sauf, quoique fourbu et fragile, faisant le compte et le décompte de mes défaites, de mes victoires, de mes richesses.

Je possède une galerie de portraits, fragments d'un univers jauni par les ans. De toutes mes forces, je tends à recréer le temps jadis. Je n'en saisis que des éclats cristallins, des écailles de clarté, parfois vifs, aussitôt éteints ; parfois scintillants comme un vaste miroir d'eau d'où jaillit une grâce qui se répand en douce aménité sur cette période de mon enfance ; parfois acérés, filaments d'ampoules qui lacèrent la pupille. Comment animer ce musée peuplé de personnages, certains, familiers, d'autres, plus ou moins étrangers, d'autres, insolites ? Ma mémoire se rebelle puis s'exécute, franchissant les barrières du temps. Et défilent des images kaléidoscopiques, muettes, des fondus enchaînés de couleurs d'autrefois. Démiurge, j'offre la vie à des images inertes, celles qui confusément m'habitent. Je sais, je ne fais pas là œuvre originale puisque, c'est connu, lorsqu'on croit évoquer le passé, il n'y a qu'un pour cent de véritable évocation : le reste n'étant que fantaisie. Toutefois, ce résidu suffit à justifier, s'il en était besoin, l'existence, la réalité du souvenir.

Cette silhouette d'homme que j'aperçois de dos, voilà qu'elle se précise au fur et à mesure que je plisse les paupières ; j'apprivoise l'image : cette tête aux cheveux poivre et sel, cette nuque, ce pan de veste, ces jambes légèrement arquées, je les connais. L'homme, je le vois s'en aller, d'un pas nonchalant, un pas de ministre après une cérémonie d'inauguration d'un monument à la gloire des héros de la patrie, un pas lent, majestueux. Et voilà, il est parti. J'immortalise l'instant. Une fin moche d'après-midi de février; du soleil, il n'en reste plus que la luminosité. C'est mon anniversaire, le premier dont je me souvienne. La salle à manger est vivement éclairée par des pendeloques de cristal. Ma mère a sorti la vaisselle et la verrerie des grands jours, celles qu'elle garde sous clef dans le dressoir en acajou sculpté. Pour ce dîner, elle avait mis les petits plats dans les grands, et, toute la journée, je l'avais vue s'affairer pour préparer le consommé d'okra calalou aux champignons noirs, le jambon à l'ananas piqué de clous de girofle, une salade de cresson arrosée d'une vinaigrette à l'échalote, et je salivais déjà devant la tarte à la noix de coco. Mais le clou du repas, de la daurade rose (ma mère disait wôse, en traînant sur le wô) au court-bouillon, son mets favori. J'ai eu droit, ce jour-là, à un bout du côté de la queue, morceau ordinairement réservé aux adultes, dépouillé méticuleusement des arêtes. Pourquoi alors cette sourde inquiétude au creux de la poitrine, ce gargouillement de mes entrailles, malgré cette rutilante bicyclette, cadeau de mon père, accotée au poteau de la véranda, juste en face de moi, pour que je la contemple encore et encore? Pourquoi cette crainte diffuse malgré la gaieté de mon père qui se manifestait bruyamment. Mon père était un homme disert, un homme de grande éloquence, un homme de grand vent. La parole était son royaume, surtout lorsqu'il avait pris un verre. Mon père n'était pas un ivrogne, mais il avait la réputation de bien tenir son alcool. On raconte même qu'il pouvait mettre une paille dans une bouteille de rhum et la siroter comme un jus de grenadine bien frais, se lever après, marcher droit comme sur un fil, sans vaciller.

Ce jour de mon anniversaire, il avait apporté un vin pour accompagner le poisson. Ma mère, femme sobre s'il en était, n'avait même pas voulu y tremper les lèvres. Plus il insistait pour qu'elle y goûte, lui en vantant le bouquet, la longueur en bouche, plus elle s'obstinait à refuser et s'énervait. Alors, se tournant vers moi, mon père me tendit un verre. A-t-il dit qu'il n'est jamais trop tôt pour initier un enfant aux succulences de la vie? Ma mère interpréta ce geste comme le comble de l'iniquité, une invitation à l'ivrognerie. Elle était révoltée. Moi, je piquais du nez dans mon assiette, comme toutes les fois où, par-dessus la table, mon père et ma mère échangeaient des propos acides. Qui envoya malencontreusement promener le verre à l'autre bout de la pièce? Mon père se leva, coiffa son panama blanc et partit. À partir de cette date, je n'ai plus jamais revu mon père à la maison.

Ma mère n'avait pas couru après lui, elle n'a pas tenté de le retenir, ni d'ailleurs ne l'a traité en hurlant d'ignoble cochon de macho. Elle l'aurait peut-être fait si elle avait baigné dans l'air du temps d'aujourd'hui. Mais ces expressions ne faisaient pas partie de celles qui étaient familières à ma mère ni même à ma tante Aricie, bien que celle-ci fût une combattante féministe avant la lettre, une amazone. Ma mère se contenta de cuiper, un bruit sec émanant de ses lèvres à peine retroussées. C'était sa façon à elle d'exprimer sa réprobation, son mépris, sa révolte.

De gros nuages s'étaient amoncelés dans le ciel qui se faisait de plus en plus obscur bien que, çà et là, on pût apercevoir encore des espaces d'azur. De grosses gouttes de sueur perlaient à mon front, l'eau empreignait ma chemise, dégoulinait le long de mon échine. Le temps était à l'orage. Les hélices du ventilateur s'agitaient mollement, avec un petit crissement monotone qui me donnait le frisson. Une question trépidait dans ma tête : ma mère aimait-elle mon père ? Aimer un être ne signifie-t-il pas qu'on lui accorde un espace privilégié dans son ciel ? De la place qu'on lui a faite, on écarte les autres, même s'ils protestent, même si on les voit s'éteindre en silence, malheureux comme des pierres. J'aimais mon père, au grand désespoir de ma mère. Elle s'est battue pour qu'il ne prenne pas toute la place. Le soir de mes cinq ans, il m'a tendu un verre et toute ma constellation en fut bouleversée. Il est vrai que mon ciel à l'époque ne comptait pas beaucoup d'étoiles. Il y avait mon père, la Grande Ourse, ma mère, la Petite Ourse, ma grand-mère, Orion aveugle, et cette étoile filante de tante Aricie. À partir de ce jour-là, rien ne fut plus comme avant et il s'en fallut de peu, marqué pour la vie par cette scène, que je fasse de l'alcool un baume que je ne cesserais d'appliquer sur la plaie que la colère de ma mère et le départ de mon père avaient ouverte en moi.

Vision illusoire qui emprunte sa précision au présent. Scintillement des rayons du soleil sur l'asphalte en fusion. Ils frappent obliquement les toits de tôle qui flamboient. La chaleur est écrasante. Sommes-nous en mai ou en juin? À cette période de l'année, dans les Caraïbes, les classes prennent fin à midi. Ce vendredi de mai ou de juin, j'ai fait un grand détour jusqu'au cabinet de mon père, « ce défenseur de la veuve et de l'orphelin » comme ironisait ma mère. Le cabinet est situé place de la Cathédrale, un immense quadrilatère dont le centre est occupé par la concavité vaporeuse d'un grand dôme et d'une grappe de coupoles attenantes. Tout autour, des maisons en bois de style colonial étalent leurs balcons dentelés aux caresses du vent qui vient de la mer. Dans le décor ensoleillé de la pièce à la fois salle d'attente et de réception, veille une horloge grand-père. En guise de pendule, un pâtre jouant de la flûte mesure tranquillement le temps. Images rassurantes que celles des aiguilles se déplaçant dans un tic-tac monotone, de ce berger qui, chaque heure, tirait de son pipeau des notes cristallines. Je ne connais rien de plus angoissant qu'une pendule muette. Mon père me fit passer dans la pièce contiguë, une pièce sans fenêtre aux murs tapissés de livres.

Des pigeons avaient élu domicile dans l'entretoit

de la galerie. Des effluves de fientes, mêlés à une senteur d'encre au repos et à l'âcre parfum des gardénias qui flétrissaient dans un vase prennent le gamin à la gorge. Peu à peu, ses yeux s'habituent à la pénombre et il distingue nettement les objets qui l'entourent. Au centre de la pièce, une grande table en acajou sculpté, sur laquelle trônent des portulans, un astrolabe et maints objets de navigation, sert de bureau. Trois fauteuils en acajou massif, deux tables basses sur lesquelles sont posés des cendriers et des livres partout. Une collection avec une reliure or et rouge, des tranches dorées, occupe à elle seule la bibliothèque aux portes vitrées. Le petit garçon a sept ans, il sait déjà bien lire ; le titre des volumes : *L'Empire libéral ;* le nom de l'auteur, Émile Ollivier, ne manque pas de le surprendre. Le père amusé par son étonnement sourit et lui tend un dictionnaire des noms propres. « Cherche », lui dit-il. Le petit garçon lit à haute voix la laconique notice : « Émile Ollivier (1825-1913), député et ministre français de la Guerre en 1870. Admirablement doué pour la politique, il nourrissait une profonde répulsion pour les brigues, les intrigues et les magouilles parlementaires. »

Mon père connaissait par cœur la biographie de l'écrivain, depuis cet instant de mars 1848 qui vit descendre d'une chaise de poste pavoisée aux couleurs de la République celui que le gouvernement provisoire venait de nommer commissaire général des Bouches-du-Rhône et du Var. Un tout jeune

homme, on eût dit un enfant, c'était Émile Ollivier. Ce discours qu'Henri Bergson prononça à
l'Académie française, dans lequel il faisait un éloge
dithyrambique de l'écrivain, en ai-je retenu des
fragments pour l'avoir entendu de la bouche de
mon père qui mobilisait toutes les armes de l'éloquence et de l'élégance pour le répéter, ou l'ai-je
lu plus tard? Quoi qu'il en soit, dans mon imaginaire, je vois mon père cet après-midi d'été, je
l'entends clamer, déclamer : « Les yeux usés à
écrire une œuvre magistrale, la nuit, la mort frappait à la porte de ce vieillard au corps à demi glacé,
à l'âme de feu, des coups de plus en plus impa-
tients. Quand il mit un point final, il s'abandonna à
son étreinte; elle vint le chercher le 20 août 1913
pour le conduire où il était bon qu'il allât, tout
souriant, l'œuvre accomplie. »

Mon père était si imprégné de la vie et de
l'œuvre de cet écrivain qu'il faisait siennes ses for-
mules. À preuve, cette carte postale envoyée à ma
mère de New York sur laquelle, de son écriture
grasse, il souhaitait que j'entre « dans la vie comme
un rayon de lumière dans un paysage », phrase que
l'on retrouve mot pour mot dans *L'Empire libéral*.
Plagiaire, va!

Quel besoin pressant d'argent avait motivé cette
visite à mon père, ce torride midi de mai? Une
séance de cinéma avec les copains probablement.
À cette époque, nous tenions à déshonneur de
n'assister qu'à une représentation d'un de ces

célèbres films d'aventures dont nous nous croy[...]
presque les héros. Nous avions vu douze fo[...]
L'Aigle des mers, quatre fois *Fanfan la Tulipe* et là,
pour *Les Trois Mousquetaires,* ma mère ne voulait
pas entendre parler que j'y aille une énième fois. Je
ne crois pas que ma mère soit jamais allée au
cinéma, ne serait-ce qu'une seule fois, de toute sa
sainte vie. Elle pensait que l'existence fournissait au
grand jour, quoique parfois piteux, un excellent
spectacle. Elle ne ressentait nul besoin de s'enfermer dans un trou noir pour contempler un défilé
d'images factices et fades. Le cinéma lui paraissait
une trouvaille inutile. « L'humanité, mon fils,
aurait bien pu s'en passer. » Sentence sans rémis-
sion. J'avais déjà tapé Grand'Nancy. Il ne restait
plus que mon père malgré l'interdiction mater-
nelle. Mais, c'était cela ou déchoir aux yeux des
copains. Je me souviens d'avoir tournoyé longtemps autour du pot, faisant semblant d'être inté-
ressé plus que de raison par cet Émile Ollivier que
mon père appréciait tant. Le berger au pipeau se
chargea de me rappeler que le temps, lui, impi-
toyable, ne manquerait pas de signaler mon retard
à ma mère qui tenait la liste de mes fautes. J'avais
déjà accumulé chez elle un passif excédentaire :
actes de désobéissance répétés, graves manquements d'égard à la voisine, madame Choisil, ef-
fronteries insupportables. Elle m'avait promis que
je paierais le prix fort, à l'heure de son choix.
Chaque délit était comptabilisé et correspondait à
un nombre déterminé de coups de rigoise, de « ce

qui chasse les démons ». C'était un
de bœuf qui laissait sur la peau son
sistante, obstinée, pour rappeler les
leur châtiment. Alors, je pris mon
ux mains et bafouillai ma requête.
e me demanda pas de justifier ma
demande comme le font toujours les parents. Il
déposa sur son bureau un stylo et une feuille
blanche et m'indiqua de l'index la chaise placée
devant : « On va jouer à quitte ou double, me
dit-il simplement. Écris-moi une lettre précisant le
montant dont tu as besoin ; si tu ne commets
aucune faute, je te donne le double. »

J'ai senti dès cet instant que j'entrais dans un territoire miné. Je vois le gosse maladroitement installé devant la feuille blanche ; des sueurs de
panique lui couvrent tout le corps. Je sens le tremblement qui traverse sa main, la tension qui lui fait
un cou raide, car chaque mot, chaque lettre, repré-
sente une carte maîtresse que, dans ce jeu à haut
risque, il hésite à abattre. Combien de temps lui
prit la rédaction de cette lettre ? Une éternité au
cours de laquelle son père continuait à vaquer, en
toute tranquillité, à ses occupations. Pour la première fois, le gosse écrivait, non dans le cadre de
ses travaux scolaires, mais avec une stratégie expli-
cite de séduction. Certes, la langue ne lui venait
pas de l'extérieur ; il l'avait intériorisée depuis
quelques années déjà, dans une sorte de socialisa-
tion sauvage, subie, imposée ; elle lui venait pour
ainsi dire du dedans. Il ne s'était jamais demandé

pourquoi amour, délice et orgue étaient masculins au singulier et féminins au pluriel. Il le savait comme il savait que le vague, l'indécis, s'enveloppait d'une sensation de féminité, et l'eau, la mer, le vent, de douceur et d'infini. Demande-t-on au danseur de meringue de décomposer ses pas? On le voit alors mêler toutes les figures et s'embrouiller.

Je date ma naissance à la vie d'écrivain de cet instant où, assis pieds ballants devant le bureau de mon père, sur cette chaise en acajou massif qui, compte tenu de ma taille, m'engloutissait, je dus rédiger une lettre de circonstance. J'avoue qu'aujourd'hui encore, installé à ma table de travail, il m'arrive de ressentir sinon la même panique, du moins un pincement au cœur que j'attribue, à tort ou à raison, à ce premier contact avec la langue comme appât, cette langue française à la fois écueil, refuge et tribune aux dimensions du monde. C'est elle qui donne à ma voix ce ton âpre, comme si ma propre musique, sur un autre clavier, ne peut se jouer que dans le registre du grave. J'écris d'une main tremblante, car je sais quelle violence sourde, retenue, bouillonne en moi. Et si l'écriture est si peu précise, c'est qu'elle hésite, encore aujourd'hui, à parler de cet enfant taciturne, petit corps noir aux pieds poudrés, qui n'a cessé de marcher, d'errer depuis l'aube de sa vie. Mais qui regarde qui? Lequel est le plus futé dans ce jeu de grand schelem? L'adulte ou l'enfant? Ai-je en main toutes les levées de ce jeu somme toute mortel! Mettrait-il par hasard, à des années de distance, face à face, l'enfant et l'adulte dans une indéfectible et discrète complicité? L'adulte que je suis devenu, divisé, malade, esquinté, parviendra-t-il à retrouver l'enfant, à raccommoder les restes de l'enfance comme le pêcheur, son filet?

II

Oswald Ollivier ne se promenait pas dans l'existence avec, en poche, un contrat d'assurance-vieillesse. Ses anciens amis, aujourd'hui nonagénaires, disent en évoquant sa mémoire qu'il se dépêchait de vivre. Son existence avait toujours été, depuis les années du lycée, une sorte de célébration permanente. Il avait de l'imagination à dilapider, conversait à coups d'illuminations, de vertiges et de citations. Quand je regarde la seule photo que je possède de lui, je m'étonne de sa jeunesse, de ses joues joufflues, poupines, de ce visage presque enfantin qu'il conservait malgré ses quarante ans. Sa voix sculpturale pouvait lézarder un mur. C'est sur ses lèvres que je pris conscience de la magie de la poésie. *Léonardo! d'étranges maladies/ Frappent les garances mélangées de plomb :/ Elles sont d'une pâleur de nonne, aujourd'hui/ Les lèvres de Monna Lisa que tu avais faites si rouges.*

Pourquoi ressassait-il ces vers? Prémonition ou savait-il déjà que la maladie le rongeait? Diplômé à

27

vingt ans de la Faculté de droit, on lui avait prédit une brillante carrière. Ardent défenseur des idées qui devraient triompher en mil neuf cent quarante-six, il s'attendait qu'on lui confie le ministère de la Justice. Ce maroquin ne vint jamais. Peut-être n'avait-il pas fait les courbettes nécessaires à l'instar de ceux et de celles qui rampent sur le dos, sur le ventre, pour faciliter leur ascension méticuleuse et impatiente vers le sommet d'une pyramide, ou la cime d'un arbre dont ils ont au préalable habilement émondé le tronc de tous les gênants? Peut-être était-il simplement un homme libre? Je me suis souvent demandé quel parti il aurait pris dans les conflagrations qui ont déchiré, à un rythme d'horloge, notre singulier petit pays. À en croire ses amis, ceux qui fréquentaient son cabinet d'avocat transformé l'après-midi en salon, il se flattait d'être « un Nègre vertical » et avait compris très vite que nous marchions vers de grandes catastrophes. Car il ne nourrissait aucune illusion sur les hommes qui, au lendemain de la Révolution de 1946, abreuvaient l'opinion de discours mensongers sur « l'avenir radieux » qui l'attendait. Il avait un jugement arrêté sur la horde qui entourait le président Dumarsais Estimé et se méfiait surtout de cet être sombre, François Duvalier, qui parlait d'une voix nasillarde et dont le chef avait fait son ministre de la Santé. Il le croyait ambitieux, obsédé par un projet personnel, obtus, réfractaire à toute idée qui ne rentrait pas dans un cadre défini au préalable par lui. D'où tenait-il ce don de voyance qui lui permettait de prédire que cet homme réaliserait ses ambitions et, qu'une fois parvenu au pouvoir, il s'y agripperait comme un pou avec des desseins si noirs qu'on n'en finirait plus d'évaluer les conséquences funestes sur notre destin de peuple? Un demi-siècle plus tard, nous vérifions encore la justesse de cette prédiction. Quand je pense à mon père, à cette ouverture d'esprit que louent ceux qui l'ont bien connu, je ne peux m'empêcher d'éprouver un sentiment de frustration en subsumant tout ce qu'il n'a pas eu le temps de me transmettre.

C'était un dimanche de novembre. Des phalanges de nuages gris avaient rapidement couvert le ciel pâle, masqué le contour des arbres et du Morne l'Hôpital. Le vent s'était levé et tournoyait sur Port-au-Prince, soulevant des tourbillons de poussière. Les oiseaux qui, un instant auparavant, remplissaient l'air de leur couac aigu s'étaient enfuis. Ma mère, prévoyant l'averse qui d'un moment à l'autre s'abattrait sur la ville transformant en ravin les ruelles défoncées, m'avait interdit de quitter la maison. J'avais sorti mes toupies et, question de perfectionner ma technique, organisai un concours solitaire sur la galerie, en vue du prochain championnat. Tous les copains devaient, j'en étais certain, faire la même chose. Quelle toupie tournoierait le plus rapidement et le plus longtemps, sans sauter, sans ronfler? Tout dépendait de la façon de les lacer puis de dérouler, d'un geste preste, le mince cordon. Absorbé par cette tâche méticuleuse, je n'entendis pas le crissement des pas dans l'allée. « Salut ma commère, kouman nou yé ? Et la santé ? » Je relevai la tête d'un mouvement brusque. La toupie que je m'apprêtais à lancer tomba comme une masse sur mon pied droit, fichant sa pointe acérée dans le cuir de ma chaussure. Sosthène G., le pharmacien, grimpa, aussi prestement que le lui permettaient ses pieds démesurément grands, les marches et vint embrasser ma mère sur les deux joues. La quarantaine avancée, les cheveux grisonnants, il portait son éternel costume de serge blanc froissé et son large panama dont le bord avant recourbé lui ombrait le visage. Ma mère, ce jour-là, était pimpante comme un œuf d'oie. J'ai appris très tôt à m'éclipser discrètement des conversations de ma mère, n'ayant aucune prédisposition à être le complice, le faire-valoir, celui à qui l'on demande d'apporter le verre d'eau fraîche ou d'aller chercher des cigarettes à la boutique du coin, tandis que le champion se livre à ses exercices de charme. Si cet homme voulait susurrer des mots doux à ma mère, ce n'était pas mes oignons. Moi, j'avais assez à faire avec mes toupies.

Certaines rencontres sont annonciatrices de vraies douleurs. Sosthène et ma mère parlaient à voix contenue et — je l'ai déjà dit — leur conversation ne m'intéressait pas. Jusqu'au moment où fut prononcé le nom de mon père, ce qui éveilla mon attention. « Ma commère a-t-elle vu Oswald depuis son retour ? » A-t-elle répondu qu'une de ses amies ou elle-même l'avait aperçu resplendissant de santé, qu'il avait beaucoup grossi ? Le pharmacien prit son temps, comme le fait un sportif avant de produire un grand effort, respira profondément puis demanda : « Sais-tu qu'il souffre d'une grave maladie de reins ? » La voix hésitante, déroutée de ma mère. « Qu'en pensent les médecins ? Peuvent-ils le guérir ? » Les yeux de Sosthène fixèrent un point vague de l'horizon. Il hocha la tête de haut en bas : « Hélas ! » Le verdict irrévocable tombant comme un couperet m'atterra. On attendait un violent orage qui risquerait de noyer la ville. Le violet du ciel vira au blanc laiteux, et une pluie fine, monotone, désolante chuinta tout l'après-midi.

La dernière fois que je vis mon père, c'était à la rue des Miracles, chez Ida, sa mère, où il s'était réfugié. On l'avait installé dans le grand salon transformé en chambre d'hôpital. Là, il pouvait recevoir plus commodément les visiteurs. Deux grandes fenêtres à jalousie ouvrant sur le jardin éclairaient la pièce. Soutenu par des oreillers, il éprouvait certaines difficultés à respirer. L'inflammation avait gagné tout le corps. Grand-mère Ida lui apporta un potage qu'elle avait elle-même préparé, celui qu'il préférait, un potage au giraumon. Mais mon père ne supportait plus ni la vue ni l'odeur des aliments. Grand-mère Ida marmonna doucement en retapant les oreillers que c'était une belle matinée de novembre, un de ces matins qui coulent de source, comme un commencement du monde, sans nuage, que le médecin ne tarderait plus, c'était l'heure de sa visite quotidienne. Dans la chambre, le soleil entrait à flots. Les portes persiennes, ouvertes à deux battants, claquaient doucement au rythme de la brise. Des bruits de pas. Le médecin, un peu solennel et patelin, le dos légèrement voûté comme s'il portait sur ses épaules tout le poids du savoir médical, s'encadra dans le chambranle. Il observa de loin, par-dessus ses lunettes, le malade affalé, le visage bouffi, les chevilles gonflées d'œdèmes. Il s'approcha, les tâte du doigt : elles en ont gardé l'empreinte. Il parla du temps, de la sécheresse anormale en novembre, des grandes pluies qui en cette saison devraient remplir les rivières. Mais sous les propos anodins, le gamin remarquait son air grave. Mon père se mit à le supplier : il ne réclamait pas le Pérou, il voulait seulement voir le cadran de sa montre ou le visage de l'enfant assis à côté de lui. J'appris que mon père vivait depuis plusieurs jours dans la nuit la plus complète. Pourquoi, demandait-il, ce voile qui quelques jours auparavant s'était installé devant ses yeux, rétrécissant sa vision, s'épaississait-il ? La volée des cloches du midi recouvrit la voix du médecin. Le gamin baissa la tête et s'appliqua à déchiffrer dans sa main droite une ligne de vie qui dansait comme l'énigme d'un avenir dérobé.

Mon père est mort en juillet. Et il y eut tout le cortège des falbalas funéraires : grand-mère Ida, tante Laurence, mes cousines, mes neuf sœurs habillées en catafalque. J'avais neuf sœurs, ça, je ne l'ai pas encore dit. Je ne l'ai su qu'aux funérailles en m'en étonnant auprès de mon frère Raymond qui portait un complet sombre, hâtivement confectionné à en juger par la veste trop étroite qui lui collait au corps et par le pantalon auquel il manquait ostensiblement quelques centimètres. Il accompagnait une tapée de jeunes filles endeuillées qui pleuraient comme des pécheresses repenties en suivant le cercueil. Mon père avait onze enfants, neuf filles, deux garçons ; j'étais le plus jeune de la bande. Aucun de nous n'avait la même mère, chose qui n'a rien de surprenant dans un pays où les hommes essaiment à tout vent avec un sens inné de l'irresponsabilité. Plus de trois cents personnes suivaient la dépouille. Il y avait là toute la cohorte d'amis du cabinet d'avocat, toutes les notabilités de la ville : le juge de la Cour de cassation, le maire, le préfet, des ministres s'étaient déplacés pour rendre les derniers hommages à cet homme qui avait mené un cruel combat contre la mort et qui avait été défait, la science s'étant avouée vaincue. La cathédrale est tendue de noir et la cérémonie, réglée d'avance, se déroule avec lamentations et larmes de circonstance. Froide inertie d'un corps d'enfant ; son ombre, que la lumière des bougies entourant le catafalque projette sur les dalles, danse une véritable danse de Saint-Guy. Le petit garçon ferme les yeux ; il espère qu'en les rouvrant, tout sera redevenu comme avant. Grâce à la magie de l'obscurité qui

33

accouche de la clarté diurne, la mort du père ne serait qu'un mauvais rêve qui ne revêtirait que l'apparence de la réalité. La lumière se chargerait de le dissiper.

Le cercueil d'acajou a été placé dans un corbillard tendu de noir. Une chaude matinée de juillet affichait une luminosité presque surnaturelle. Le soleil flamboie le clocher de la cathédrale, les plaques d'asphalte en fusion et les toits de tôle des maisons environnantes. Les branches des arbres n'osent même pas bouger de peur de déranger la solennité du moment. Oswald Ollivier n'ayant laissé aucune indication sur le lieu où il souhaitait être inhumé, grand-mère Ida avait décidé qu'il dormirait de son dernier sommeil à Jérémie, ville natale des Ollivier. Le cortège funèbre se dirige donc vers le wharf. Là, corps, parents et amis embarqueront sur la *Caridad*, le bateau marchand qui fait régulièrement l'aller et retour de Port-au-Prince à Jérémie. Le silence qui plane sur le convoi impressionne le gamin : pas un cri, pas un mot. Seul bruit, celui des pas traînants derrière le fourgon mortuaire, un bruit semblable à celui de la vague quand elle vient mourir sur une plage de galets.

À la cité de l'Exposition, ma mère me prend par la main. Nous nous détachons de la foule : nous ne serons pas du voyage. Je n'ai donc pas accompagné les restes de mon père à Jérémie. Je ne suis d'ailleurs jamais allé à Jérémie. Ville mythique, cité des poètes. Je ne connais pas cette ville corrodée par les cyclones et oubliée de l'Histoire et des dieux. Je n'ai jamais traversé le pont de la Voldrogue ; il paraît qu'il a été érigé juste au-dessus du point de rencontre de l'azur de la Caraïbe et de l'écume bouillonnante des eaux de la rivière. Je n'ai jamais vu les maisons à arcades surplombant les rues pentues. De Jérémie, je ne connais que ce que m'a livré cette estampe restée longtemps accrochée au mur de ma chambre. L'imagination débridée de l'artiste avait peint la ville à l'heure un peu hésitante où la lumière bleue de la baie se mêle à la grisaille du crépuscule : elle semble voguer au fond de l'univers. Sur le sable, des frères de la côte faisaient ripaille, étroitement enlacés par des mûlatresses dépoitraillées.

Il y a de cela une dizaine d'années, j'ai voulu effectuer un pèlerinage à Jérémie, question d'aller fleurir la tombe de mon père. Mais un éboulement du « Fam pa dra » — ce rocher qui surplombe la route — m'en a empêché. Il restait la voie maritime. Celle-là non plus n'offrait aucune sécurité. Peu de temps auparavant, un des rafiots qui effectuent la traversée et sur lequel on avait embarqué plus d'un millier de chrétiens vivants avait coulé à pic. Je n'ai aucune propension au sacrifice et ne me croit pas du tout obligé d'offrir ma vieille carcasse en festin aux requins affamés. J'abandonnai donc l'idée de me rendre à Jérémie. Mon frère Raymond qui y est retourné récemment m'a dit au téléphone que, sur ce qui fut la tombe de notre père, les arbustes poussent tordus, comme s'ils avaient peur d'affronter la mitraille du vent et les bourrasques de la mer. Leurs maigres troncs sont marqués de cicatrices métalliques, traces des combats meurtriers qui s'y déroulèrent lors de ce qu'il est convenu d'appeler — depuis le massacre de toute une famille, un dimanche soir, par les sbires de la dictature — « les vêpres de Jérémie ». Sur l'emplacement craquelé, bosselé de ce qui fut le tombeau familial où grand-mère Ida avait choisi de faire reposer les restes de son fils, mon frère a ramassé des douilles de Kalachnikov.

Dans le buggy tiré par un cheval borgne et épuisé qui nous ramène à la maison, j'éprouve une insupportable douleur. Mon père avait vraiment disparu. Je sens sourdre en moi une colère que j'aurais aimé déverser sur quelqu'un... Sur ma mère? Je lui en veux de sa toilette trop élégante, de son calme à la cérémonie, de sa fraîcheur. Malgré cette chaleur étouffante, ma mère semble aussi fraîche que si elle venait de sortir de la salle de bains. Pour que son canasson soit moins dérangé par la circulation automobile, le conducteur a pris les bas-côtés de la route. Sous les sabots du cheval, l'herbe crisse de sécheresse. De temps en temps, lorsque le buggy quitte l'ombre des arbres, le soleil traverse le fin linon de la blouse noire de ma mère et met en relief un buste jeune, des seins fermes. Elle est radieuse de santé, ma mère. Pour la première fois, je m'interroge sur son âge. Difficile de répondre à cette question, mais j'éprouve la certitude qu'il n'y a aucune crainte qu'elle ne meure, elle. J'éprouve un immense sentiment de solitude, et je sais déjà qu'il m'accompagnera toute ma vie, que je resterai enfermé en moi-même comme la ballerine d'une de ces boîtes à musique dont on a égaré les clefs. J'étais seul, d'une solitude plus grande que celle du Petit Poucet dans la forêt. Lui au moins, il avait ses frères; il pouvait se mettre à leur tête, les prendre sous sa garde, occuper la place du père tout en restant enfant. Moi, j'étais seul. Cette douleur de l'absence, ce sentiment d'indifférence à tout et à tous, je les ressens encore. Ce besoin de m'abstraire de mon être physique comme on dépose un fardeau trop lourd, le fardeau de la vie, je le traîne partout avec moi.

Quand le buggy nous déposa devant le perron de la maison, notre antre inexpugnable de brique blanche, Madeleine me prit de nouveau la main et, poussant le verrou de la porte, pénétra, haletante, dans la pénombre de l'entrée. Nous sommes seuls, la mère et le fils, main dans la main. Cette intimité insolite me gêne. Ma mère a toujours souhaité une fusion totale avec elle. Je le savais. Elle avait une façon de me regarder en silence qui ne trompait pas, surtout la nuit, quand je me réveillais et que je la trouvais là, assise au pied de mon lit. Pour rompre cet instant embarrassant, je parle vite, j'exprime la première idée qui me passe par la tête : « Quoi, je ne verrai plus mon père ? » Je n'ai pas besoin de lever mon regard vers elle pour sentir son irritation. « Comment peux-tu le revoir ? Il a été emmené à Jérémie pour être enterré. » Dans sa frustration de voir mon père s'interposer encore une fois entre nous, m'a-t-elle expliqué en détail ce que deviennent les cadavres sous terre ? Est-ce ce soir-là que j'appris que les vers rongeurs se délectent de la chair pourrie et, qu'au bout d'un certain temps, il ne resterait de mon père qu'un peu de poussière, même pas assez pour remplir une cruche de terre cuite ? Elle poussa un long soupir. Et puis, je l'entendis sangloter en murmurant avec une rage contenue : « Oswald ! Oswald ! tu m'auras donc tout pris. Veinard encore que tu ne m'aies pas conviée à ton trépas ! J'aurais regardé les mouches te dévorer les paupières, sans les chasser ! »

Ainsi donc, il ne demeurera rien de mon père et il n'y avait rien à faire. Que se passa-t-il dans la tête de l'enfant qui regardait en cet après-midi d'été le soleil parader dans le ciel ? Aujourd'hui encore, je ne crois pas savoir ce qu'est la mort. Il m'arrive de penser que les êtres qu'on aime changent de planète et qu'à notre propre mort, nous allons les retrouver, quelque part, dans une autre galaxie. Nous nous couchâmes très tôt ce jour des funérailles de mon père. Je dormais d'un sommeil lourd, agité. Tout à coup, un cri : « Ça brûle... Ça brûle dans mon ventre ! » Je crois que j'ai continué à dormir, à peine dérangé, digérant ce bruit intempestif, l'intégrant à mon rêve. J'avais appris à me mêler de mes affaires, je l'ai déjà dit. Après un bref instant de silence, la plainte recommença : « Ça brûle dans mon ventre... » Notre sommeil peut s'accommoder d'un cri, mais pas d'une série de cris. Une voix, celle de ma mère, parlait de brûlures qui devenaient intolérables. Je me suis levé, j'ai allumé le plafonnier. Une lumière crue inonda la pièce. Ma mère me rabroua et m'intima l'ordre d'éteindre et de retourner me coucher. Je la vis alors, folle de douleur, sortir dans la nuit, légèrement et négligemment vêtue. Elle ne revint que le lendemain soir. Où avait-elle pu passer le reste de la nuit et toute la journée ?

C'est probablement de ma mère que je tiens cette propension à marcher, à ne pouvoir tenir en place, à vouloir sans cesse bouger, m'abandonner à cet autre versant de la solitude qu'est la marche. Car, marcher, c'est s'entourer de vide, c'est laisser l'esprit en chute libre, c'est bouleverser le sens de l'orientation, changer d'angle, multiplier les points de vue. En marchant, la solitude et le vide atteignent un niveau de perfectionnement. Dans cet état de disponibilité totale, le détail jusque-là inaperçu se met à grandir ; le moindre fait atteint la dimension de l'expérience. Qui disait déjà que s'il avait à refaire Robinson Crusoé, il le placerait non dans une île déserte mais dans une ville peuplée de millions d'habitants ? Ma mère n'a jamais arrêté de marcher. Ce lendemain de la mort de mon père, quand elle revint, elle avait les traits tirés par la fatigue et tenait à la main une bouteille de rhum. Elle prit une cuvette, la remplit d'eau presque bouillante, se versa un verre, le dégusta pendant qu'elle faisait tremper ses pieds : « Pour la première fois de ma vie, je bois ! Étrange, ce plaisir tout neuf ! » n'arrêtait-elle de répéter après chaque lampée. À partir de cette date, toutes les nuits, ma mère se réveillait et se tenait à elle-même de grands discours, des monologues sur trois registres : dans l'un, elle me câlinait, louait mon intelligence et ma beauté ; j'étais pour elle un cadeau du ciel. Puis, presque sans transition, dans un autre, elle me vouait aux gémonies, m'accusant d'avoir gâché sa vie ; dans un troisième, elle maudissait tour à tour Oswald, tante Aricie, Grand'Nancy et, pendant qu'elle y était, toute la création, responsable de ses misères. Elle disait qu'elle avait une déveine cordée de sept douleurs qui avait ruiné sa vie. Tout avait commencé, elle n'avait que seize ans, avec la mort de son père Léo Souffrant, fils du duc de Souffrant, grand dignitaire sous le règne de cet empereur célèbre pour ses soulouqueries. Un père qui avait fait ses études à Paris. Pour elle, c'était un summum. Avoir étudié à Paris, dans la ville lumière ! Déambuler sur les rives de la Seine, voir le Pont-Neuf, Notre-Dame de Paris, son rêve contrarié : « Une jeune fille ne pouvait vivre seule à Paris », estimaient sa mère et sa sœur, son aînée de dix ans. Il lui avait fallu les traîner en justice pour obtenir son émancipation et sa part d'héritage. Un procès ruineux, long et pénible, qui lui avait valu de rencontrer cet « avocaillon » d'Oswald Ollivier. C'est connu, le malheur se déplace en cortège ; le sien n'avait pas fait exception. Toutes les nuits, ma mère égrenait son chapelet de misères, déplorait le vide abyssal où la mort de mon père l'avait plongée puisqu'il avait emporté avec lui l'amour de son fils. Un monologue fait de redites, de contradictions, de phrases figées dans le noir. Dans sa douleur vagabonde, je la trouvais stoïque de ne pas succomber au désespoir, de ne pas se laisser envahir par une haine absurde contre l'humanité. « Laisse faire, Madeleine. Laisse. Le temps guérit tout », finissait-elle par conclure au petit jour. La première fois que je les entendis, ces mots tombèrent sur moi comme la foudre.

Comment traduire le vertige de la perte, le climat de faute né du fait d'être né? Comment dire la gêne qui s'emparait de moi quand, à l'école, à la rentrée d'octobre, on remplissait pour les professeurs, qui voulaient soi-disant mieux connaître l'univers familial pour mieux nous enseigner, des fiches d'identification? Défilait alors dans ma tête tout le roman familial sous forme de flashes, d'éclats réitérés. Comment avouer que mon père n'avait pas épousé ma mère, que cette dernière n'avait aucune activité connue ou avouable? Il m'arrivait même de penser qu'elle faisait commerce de son corps, idée saugrenue qui me venait parce que je ne l'avais jamais vue travailler, gagner sa vie et que je chassais l'instant d'après pour ne retenir que ses cris de bête blessée. Pourtant, elle avait des doigts de fée, ma mère. Quand l'envie la prenait, la maison s'emplissait soudain d'écheveaux

41

de fil de toutes les couleurs, de rouleaux de gui-
pure, de dentelles, de fines cordelettes d'or. Elle
entamait, au point de perles, des jupes, aux points
de croix, des nappes, en Colbert, en broderie véni-
tienne ou en Richelieu, des draps et des taies
d'oreiller. Elle pouvait passer des journées entières,
rayonnante. Un visage transfiguré, auréolé de
lumière remplaçait la face d'ombre et de souffrance. Puis, ses vieux démons remontaient et elle
enfouissait, dans les cartons qui encombraient sa
chambre, ses ouvrages entamés; ils rejoignaient
d'autres chefs-d'œuvre inachevés.

« Profession du père? Il est mort, m'sieu. » Ces
regards de commisération qu'il me fallait supporter
et qui me donnaient la chair de poule. Pourtant, à
bien y réfléchir, le visage du père ne m'a jamais
vraiment manqué. J'ai multiplié l'image du père en
l'empruntant à des figures imaginaires : le comte
de Monte-Cristo, Jean Valjean ou plus simplement
les pères de mes camarades de classe, ceux évidem-
ment qui m'étaient présentés sous des traits de
héros.

Les os des moutons blanchissent
Et finissent par tomber en poussière
Les os des humains sont gorgés de larmes
Larmes de veufs, de veuves et d'orphelins
Les os des humains sont gorgés d'eau
Et ma terre craquelle
Sous le poids de tant de larmes

III

Je suis donc né Ollivier, rien de plus; rien de moins. Ma mère ne se souvient pas exactement si je suis né le 19 peu avant minuit ou le 20 aux petites heures du matin; ce qui pose des problèmes insolubles à la science de ma voyante car, dit-elle, si je suis né avant minuit, je suis Verseau; après, je suis automatiquement rangé dans la catégorie des Poissons. Elle ne peut non plus identifier ni mon ascendant ni mon décan. À la vérité, je m'en balance. À quoi ça me servirait de me poser jour après jour, heure après heure, ces questions insurmontables, la vie n'est-elle pas un piège, une détention provisoire, un vacarme inutile? J'entends vos cris de dénégation. Rassurez-vous! Ce ne sont pas là des propos aigres-doux. J'aime la vie. Je la chéris. Je la flaire avec sensualité, un peu comme le goûteur hume longtemps un bon vin avant de le boire. Par contre, j'ai voulu savoir sous quels auspices je suis né, quel était le climat qui prévalait le jour de ma naissance. Récemment, je suis allé à la bibliothèque et j'ai consulté *Le Temps*, l'ancêtre du journal *Le Monde,* et j'ai appris que des tas d'événements ont eu lieu le jour de ma naissance. Au Danemark, la princesse Caroline, épouse du prince Kaud, le plus jeune fils du roi, donne naissance à un beau garçon joufflu. Nous avons vu le jour lui et moi en même temps, mais lui, il est né une cuillère d'argent à la bouche. À la une, l'agression soviétique contre la Finlande. À l'Est comme à l'Ouest, la folie des hommes leur commande d'adapter les institutions à la guerre, aux besoins de la guerre, aux exigences de la guerre, aux rigueurs de la guerre. En Afrique équatoriale, des épaules d'ombre, les mains armées de pioche, se soulèvent et retombent, pressent la cadence. Monde, entends-tu leurs lamentations? À Berlin, le ramassage des vieilles ferrailles est considéré comme une tâche hautement patriotique. Sur tous les fronts, les batteries allemandes sèment la mort. La guerre décolore tout. Un chroniqueur se plaint que tout est terne et sans éclat. Pas de place pour le chatoiement des couleurs. La guerre interdit l'aquarelle, la peinture à l'huile ; elle ne permet que l'eau-forte, le dessin, le trait, les jeux profonds et contrastés de l'ombre. La guerre brouillait tout, jusqu'à la notion du temps.

Sous les Tropiques, me direz-vous, nous étions loin du front, des tranchées, des neiges piétinées, nous étions loin des opérations et, pourtant, nous n'étions pas non plus jolis à voir dans nos rues mornes. Figurez-vous qu'Élie Lescot, notre dictateur de pacotille, souffrant de la folie des grandeurs, déclara, ce jour-là, la guerre aux puissances de l'axe Rome-Berlin-Tokyo. Il fit emprisonner au Fort national tous les Allemands et les Italiens du bord de mer, plaça leurs biens, meubles et immeubles sous séquestre, mit le pays sur pied de guerre et, les yeux secs, avertit le monde entier que l'on verrait bientôt les avions haïtiens sillonner le ciel de Berlin.

Cela m'a toujours amusé d'entendre quelques-uns de mes amis s'inventer à cœur de vie une généalogie fantasmagorique, étonnante de noblesse. Un tel a eu pour ancêtre tel héros de la geste nationale, plus vaillant et audacieux qu'Héraclès lui-même. Un tel est arrière-petit-fils d'un signataire de l'Acte de l'Indépendance. Un tel descend en droite ligne de tel illustre président, mulâtre de préférence. On croirait tel autre sorti de la cuisse de Jupiter et avoir eu un aïeul plus riche que Crésus. Dois-je avouer que je n'avais jamais vu l'écorce miroitante d'une pomme avant l'âge de quinze ans. Jusque-là, je n'en avais qu'une connaissance livresque. Je considère pourtant que les fées qui se sont penchées sur mon berceau ont été généreuses : on m'a toujours considéré comme un enfant prodige, ce qui fait que je n'ai jamais été un perdant, un incompris poursuivi par la déveine. Au contraire, j'ai toujours gagné, et la vie m'a toujours offert beaucoup plus qu'un strapontin. Je suis un gagnant pourrais-je même dire et ne trouve nulle secrète volupté dans l'échec.

Il n'y a pas beaucoup de gens à savoir d'où je viens, de quelle région du pays je suis originaire, de quel Ollivier est mon rameau. On me prête des liens de parenté avec tel ingénieur des travaux publics, tel médecin avorteur réputé à New York, tel musicien de l'orchestre Septentrion. On croit que les Ollivier dont je descends sont du Nord ou de Plateau central, alors que mes racines doivent proliférer encore dans la presqu'île du Sud. Toute mon existence, j'ai été classé par mon entourage selon des fausses perceptions : voilà un beau cas de malentendu. Pour les bourgeois, je n'en suis pas un, je n'en ai que l'apparence. Je n'ai jamais prétendu ni voulu l'être. Pour les gens plus humbles, je suis un aristocrate. À la vérité, je me suis forgé, par des acquisitions de hasard; je me dois à l'école, à de longues nuits de veille dans la fréquentation précoce d'auteurs et d'aînés, à l'esprit dérangé de ma mère, à la sagesse de ma grand-mère Nancy Saint-Victor. Je ne suis pas féru de généalogie. Mon état civil me montre que je viens d'une famille respectable, ni plus ni moins qu'une autre, qui a connu, avant ma venue au monde, des croisements et des décroisements de situation et de fortune. Je ne chante pas dans l'arbre généalogique. Plus un écrivain chante dans son arbre généalogique, plus il chante juste, disait Cocteau. Cela explique sans doute mon incapacité de chanter alouette sans fausse note.

Je suis donc né en Haïti, un tout petit pays de vingt-huit mille kilomètres carrés, pris, comme entre le marteau et l'enclume, entre la République dominicaine, son ennemi séculaire, dans le dos, et la mer, devant. Nos manuels d'histoire racontent qu'il s'y est accompli un exploit extraordinaire. Le peuple haïtien est passé directement de l'esclavage à l'indépendance. Et, persifleurs, d'ajouter que cet exploit lui a demandé une telle dépense d'énergie, une telle mobilisation de toutes ses ressources vives que, depuis deux siècles, il se repose, épuisé, exsangue. Mes compatriotes prétendent cultiver une rancune tenace contre la condescendance de ceux qui, du haut de leur civilisation, observent les barbares. À la vérité, il n'y a pas peuple plus ouvert à l'étranger. Curieux destin que celui de naître dans un tel pays. On reçoit en legs un singulier regard et un étrange rapport à la réalité. On vit selon les caprices de Dieu; on le remercie du temps qu'il fait. On sait que Dieu est bon, que la chance existe et que, comme disait ma mère, « chaque jour amène son pain ».

J'ai toutes les peines du monde à ordonner mes souvenirs d'enfance. Ma mémoire clignotante, pleine de trous, ne parvient pas à reconstituer de façon quelque peu exacte une séquence d'événements dans sa cohésion et sa logique interne. Elle me joue des tours, oblitérant le passé ici, gommant là certains aspects, plaçant d'autres en relief, faisant parfois l'impasse sur des pans entiers d'une existence qui, loin d'être un fleuve tranquille, se transforme, trop souvent à mon gré, en un torrent impétueux. Faire revivre ces souvenirs enfouis, rien de plus simple en apparence. Il suffirait d'interroger quelques témoins encore en vie. Il suffirait d'en parler par exemple à tante Aricie. Elle a aujourd'hui quatre-vingt-dix ans et s'est retirée dans une maison de retraite à Arcueil-Cachan, en banlieue de Paris. Ou interroger madame Charles J..., cette amie d'enfance de ma mère, qui vieillit doucement en banlieue de Port-au-Prince, à la Croix-des-Missions. Ou encore d'aller voir Iva, une lointaine cousine qui cultive, fleur rare, la dévotion familiale. Je ne le ferai pourtant pas. Parce que les souvenirs nous renvoient immanquablement au temps et à la mort; parce qu'il y a trop de cadavres entre alors et maintenant, trop de douleurs, trop de plaies mal cicatrisées, trop de silence, une chape de plomb trop lourde à soulever. Je continuerai donc à traquer ces images qui se dérobent, à en inventer d'autres qui se plaisent à prendre des airs de souvenirs, des airs de tenace mémoire. Puissent-elles m'aider à déchiffrer l'énigme de mes vies!

Mon père mort, j'entrai dans un long couloir obscur fait d'une suite de petites épreuves. Quand on est en proie à de grands tourments, on a tendance à vouloir bouger, à changer de décor, de lieu, de résidence, comme pour changer le mal de place. Madeleine déménagea souvent : Martissant, Bas-peu-de-chose, Sans Fil, Poste Marchand, Lakou Jadine, avenue Pouplard, ruelle Nazon...

bicoques bancales, carré de blocs de ciment, toits de tôle ondulée, minuscule deux-pièces. Ainsi ai-je appris à affronter la force des choses, à prendre sur mes frêles épaules ma part de soucis et de responsabilités. L'on dit quelquefois de certaines personnes qu'elles n'ont pas eu d'enfance. Je serais tenté d'en dire autant puisque très tôt j'ai été confronté à la nécessité de me prendre en main, de traverser ces zones torrides et rudes où les hommes héroïques luttent pour leur survie, alors que la plupart des enfants ignorent que ces régions existent. J'ai connu ce genre de souffrance réservée aux adultes et j'ai dû les affronter sur le même plan qu'eux. Ai-je été malheureux ? Cela dépend de l'angle sous lequel on regarde le passé, comme l'on observe un tableau, en l'éclairant de lumières différentes. Une certitude cependant : mon père mort, débuta alors la saison des coups de poignard, des dix pour douze, ma mère empruntant dix gourdes le matin pour en rembourser douze l'après-midi, une saison comme une pâte molle, une pulpe informe, où elle ziguait un jour, zaguait le lendemain. Ce n'est pas drôle la vie d'artiste surtout quand on est figurant, ironisait-elle. Il me semble aujourd'hui, quand ce bric-à-brac de morceaux de souvenirs, de miettes de mémoire de cette existence un peu ballottée me remonte, que je ne peux pas parler de l'omniprésence du père défunt, de la présence lancinante d'une absence. L'ai-je combattue parce que je voyais ma mère vivre à reculons, se retrancher dans une unique patrie, le souvenir d'une enfance perdue, marquée par la tendresse d'un père trop tôt disparu?

Il est des noms qui prédestinent au malheur. Madeleine Souffrant! Ainsi s'appelait celle qui m'a donné la vie. Elle a failli la dévorer, non point par méchanceté mais par mégarde. Elle aurait voulu que nous vivions comme si j'étais, moi, une île, elle, l'eau. Elle m'entourait d'un anneau de tendresse si étroit qu'elle aurait pu m'étouffer. Elle jetait sur moi ses larmes de souffrance, me changeant en tertre sur lequel elle construisait sa vie. Il faut bien vivre, répétait-elle souvent. Ces mots, sur ses lèvres ourlées d'ironie destinée à masquer son lot de misères, rendaient un son incongru. Fallait-il vraiment vivre, se contenter d'être là? Tout allait de travers dans sa vie et chaque jour la trouvait plus triste, plus pauvre, plus seule. Et, pourtant, la logique de vivre l'emportait malgré tout, comme si elle s'accrochait à un paysage aperçu dans une sorte de vision et dont elle espérait qu'un jour elle foulerait les vertes prairies. Il se développait chez cette femme une étrange ambiguïté. Il y avait celle dont l'esprit vacillait, souvent retranchée derrière une vitre d'angoisse. Il y avait celle qui se battait pour marcher droit dans le sillon, qui s'efforçait de tenir à distance le désespoir menaçant, implacable. Il y avait celle qu'un rien parfois suffisait à emplir d'allégresse.

Cette acrobatie défensive, ce jeu de voltige ne

changeaient rien quant au fond. Le tourment de ma mère ne s'apaisait pas. Il allait en s'accentuant. Très tôt j'ai compris en écoutant des conversations qui ne m'étaient pas destinées qu'elle souffrait d'une perte qui l'avait empêchée de s'accomplir et avait provoqué ses erreurs d'aiguillage. C'était le poids de cette perte qui lui donnait l'allure d'une femme emmurée, exténuée, otage d'un rêve inaccessible. Mon grand-père Léo Souffrant, c'était un médaillon renfermant une photo que ma mère portait accroché à son cou par un ruban de deuil; c'était cette timbale en argent terni gravée de ses initiales et dans laquelle ma mère buvait. Ces deux objets reliaient le passé au présent, fils à peine visibles qui attachaient pourtant solidement une vie vivante à une vie défunte et qui condamnaient ma mère à opérer souvent des disjonctions catastrophiques avec le réel. Car elle disjonctait, ma mère. Tout se passait comme si elle s'était trompée de vie, avait raté le train pour la vraie vie. Celle qu'elle connaissait n'était faite que d'une suite de glissements, d'espoirs brisés, d'émotions tronquées. Et ces ratages l'avaient burinée au point de brouiller son esprit. Je m'expliquais ainsi ses multiples conversations la nuit avec ses fantômes. Elle se déclarait catholique non pratiquante, mais sa vraie religion s'appelait nostalgie; elle rendait un culte fervent à son enfance perdue. Ma mère se parlait à elle-même des nuits entières. Dans les maisons de plus en plus exiguës qu'elle occupait, ouvertes aux quatre vents, le dialogue allait bon train jusqu'à la clarté de l'aube. Sa voix déversait en moi une coulée d'images, de rêves, de mythes qui ne tarissait pas malgré le travail du temps.

INITIALES

Eux pointent l'eau
Dans le point d'eau
Près de l'olivier
Comme si l'eau
Appartenait à eux
Qui pointent mille eaux
Et mille
Et mille nuits
Comme l'Epsilon pointe l'Oméga
Comme la caravane, mille oasis
Eux et l'O
Le cercle parfait

IV

Les images de l'enfance, paradis que l'on aime-rait retenir ou souvenirs de pain dur qu'on aimerait gommer, embellies ou noircies, seuls les mots leur donnent vie. J'essaie de les figer sur le papier afin de les revivre de façon chronologique, elles s'entremêlent; les images de mes neuf ans entrent en dissonance avec d'autres que je vois hors-champ et qui, elles, s'animent. J'ai cinq ans et on est au début de l'été. Il est sept heures. Madeleine me demande de me dépêcher. Je revêts en toute hâte le pantalon et la chemise propres qu'elle a déposés au pied du lit. Cela ne me surprend pas outre mesure, elle est coutumière de ce type de comportement. Elle me déposera en passant chez Grand'Nancy. Je l'adore ma grand-mère et je me réjouis de passer une journée en sa compagnie. Elle me préparera des bananes pesées, me racontera pour la énième fois le débarquement des Blancs'méricains et l'émotion qui avait fait tourner son lait alors qu'elle était nourrice de ma mère.

Une fois habillé, Madeleine me prend par la main et me conduit, non chez ma grand-mère comme je m'y attendais, mais chez une espèce de chabin, monsieur Marcel, qui venait d'ouvrir, dans un espace réduit, une de ces écoles qui devraient par la suite bourgeonner comme des champignons. Ce qui me frappa d'abord chez monsieur Marcel, c'était sa petite taille et son regard qui, derrière des lunettes cerclées de métal, glissait de côté, comme s'il y avait autre chose à voir que ce qu'on voyait, autre chose à voir derrière ce qu'on voyait, comme s'il y avait urgence à scruter on ne sait quoi et à échapper au piège de la verdeur et de la naïveté des garçonnets réunis sur la galerie et qui lorgnaient craintivement sa face réjouie. La quarantaine avancée, il portait, malgré la chaleur suffocante de ce matin de juillet, costume et cravate. Il transpirait la sévérité quoique sa peau boursouflée et trop brillante ressemblât à celle de ces joueurs de dominos qui, assis sur les trottoirs, s'imbibaient à cœur de jour d'alcool de canne. « Messieurs ! » Je me retournai pour voir à qui il s'adressait. Il n'y avait personne. « Messieurs, reprend-il, en pénétrant ici, vous venez de faire le saut de l'état de bêtes à celui d'êtres humains. »

Devant des mères aussi fières que si elles venaient de gagner à la loterie nationale, monsieur Marcel tira gloriole non seulement de nous apprendre, avant la rentrée d'octobre, à lire, à écrire, à compter, à additionner, à soustraire, mais aussi à réciter par cœur les fables de La Fontaine.

« Par cœur et par corps. » Je comprendrai très vite que cela signifiait à coups de baguette sur les paumes tendues de la main et sur les jambes dénudées à cause de nos culottes courtes. Commencèrent alors les heures qui durent une éternité, l'angoisse des devoirs pas faits ou oubliés, la terreur des leçons non sues. Je demandais sans cesse la permission d'aller aux toilettes, histoire de trouver un refuge contre le carcan de discipline et de soumission que représentait la salle de classe. Le vendredi après-midi était consacré à la récitation, par ordre alphabétique, de ces fameuses fables de La Fontaine. Le temps qu'on arrive jusqu'à moi, et en écoutant les autres, j'avais mémorisé toute l'affaire du loup et de l'agneau, compris le dépit du renard devant l'inaccessibilité des raisins, et tourné sept fois ma langue dans ma bouche pour que ne m'incombe pas la responsabilité des maux de la peste. Et puis, une bonne fois, ce qui devait arriver arriva. Je regardais par la fenêtre le soleil pingre annonciateur de pluie qui m'empêcherait de gambader avec mes camarades plus chanceux que moi, puisqu'ils n'avaient pas de maître Marcel sur le dos. Ils auraient déjà à leur actif mille coups pendables à me conter. « Ollivier, à vous ! » Je sursautai, me retournai et vis qu'il pointait sa baguette vers moi. « Ollivier, êtes-vous en train de gober des mouches sur la lune ? Vous finirez par crever d'indigestion. » Perplexe, je bredouillai : « Il n'y a pas de lune, monsieur, le soleil est encore là. » Une hilarité générale accueillit ma repartie ; un monsieur Marcel bleu de colère m'arrosa copieusement de coups de baguette, me fit passer le reste de l'après-midi, à genoux face au tableau. La cloche de quatre heures ne mit pas fin à mon supplice. Les neuf autres élèves m'attendaient à la sortie ; je dus subir leurs quolibets : ils faisaient mine d'attraper les mouches, de les avaler avec des moues de dégoût.

Ce passage par la férule de monsieur Marcel me préparerait à faire mon entrée au petit séminaire collège Saint-Martial, pépinière de reproduction des élites, dirigé par les pères du Saint-Esprit. Il y aurait tant à dire sur l'idée que se faisaient les familles des écoles. À l'époque, de l'institution Saint-Louis-de-Gonzague, propriété des frères de l'Instruction chrétienne, sortaient les conservateurs. On y retrouvait les matheux, ceux qui possédaient la bosse des sciences exactes et qui demain seraient appelés à devenir les grands dirigeants et les grands commis de l'État. À côté, le collège Saint-Martial était le fief des libéraux, ceux-là pour qui la parole était fleur et qui développaient l'art du syllogisme. Ces écoles n'étaient fréquentées que par les garçons. Les filles, prédestinées à épouser ces messieurs, apprenaient à Lalue à tenir maison. Pour les autres, les moins bien nantis, Dieu qui reconnaît toujours les siens y pourvoira. La mécanique était ainsi réglée.

Je me préparais donc à faire mon entrée au petit séminaire quand m'arriva une mésaventure significative. Je jouais au foot à quelques pâtés de maisons de chez moi, en face de la résidence d'une amie de ma mère, madame Choisil. Tout à coup, notre partie fut interrompue par des cris et des pleurs. En un instant, la galerie des Choisil fut noire de monde. Nous eûmes, mes amis et moi, toutes les peines du monde à comprendre dans ce brouhaha que le malheur venait de s'abattre sur cette maison. Madame Choisil était passée subitement de vie à trépas, victime d'une crise cardiaque. Je voulus être le premier à annoncer la nouvelle à ma mère. Je me revois dévalant la pente de la rue des Miracles, courant, toutes jambes à mon cou, de cette façon particulière qu'ont les enfants de courir. Et me voilà parvenu chez nous, tout essoufflé et criant de toutes mes forces : « Maman! Maman! Madame Choisil est mort! » Madeleine voulait que je m'exprime en français avec la précision d'un chimiste qui pèse des poudres. La concordance des temps se devait d'être impeccable, le mot propre, l'expression imagée déposés à leur place comme des talismans; et c'était offense impardonnable que de trébucher sur le genre d'un substantif. Au lieu de s'apitoyer sur le sort de son amie, de me demander des détails sur cet effroyable événement, ma mère, prenant sa posture de tragédienne, reprit immédiatement ma phrase : « Madame Choisil est mor-te, imbécile! »

Mon entrée dans la langue s'est faite à coups d'interdit, de mépris et de répression. C'est ce qui sans doute explique le rapport ambivalent que j'entretiens avec elle : un rapport de haine et de séduction. Ma mère ne ratait aucune occasion de tancer mes écarts de langage, tant en français qu'en créole, car les expressions rudes, imagées, concrètes dont le créole a le secret et qu'il m'arrivait d'utiliser déclenchaient chez elle des accès de fureurs folles. Ma façon de m'exprimer en l'une ou l'autre langue ne lui convenait pas. Puis, au petit séminaire, j'ai mal supporté cet interdit inscrit à la première page de notre carnet : « L'usage de la langue vernaculaire est formellement interdit à l'intérieur de cet établissement. » Cela signifiait en clair qu'on ne pouvait s'exprimer en créole ni dans les salles de classe ni même dans la cour de récréation. J'aurais dû grandir mutilé de paroles. Au contraire, j'ai découvert très tôt que les mots exerçaient un pouvoir tout simplement magique ; ils font voir, ils font croire, ils font agir ; tout dépendait de la façon de jongler avec eux. Très tôt, je me suis appliqué à repérer, de la manière la plus exacte qui soit, les secrets de cette magie. Les mots m'ont raconté tant d'histoires, celles de l'amour et de la vie aussi bien que celles de la guerre et de la mort. Une fois, j'avais quatre ans. Du Fort national retentit une salve de joie suivie de carillons assourdissants. Madeleine écoutait la radio ; brusquement, elle poussa un cri, un grand cri. Elle venait d'apprendre la nouvelle de la victoire des troupes alliées. Le gamin qui se balançait sur une branche d'arbre sursauta, perdit l'équilibre. Je porte encore au genou gauche la cicatrice de la blessure que je me suis faite ce jour-là en tombant sur une pierre. Ma mère, quand elle raconte cette histoire, conclut toujours que j'étais le dernier blessé de la Seconde Guerre mondiale. Les mots, on les entend d'abord, on les répète sans trop savoir ce qu'ils veulent dire exactement; et ensuite vient leur sens. Et, en même temps qu'on les comprend et les interprète, on découvre de quel fil est cousu le tissu profond des êtres et on découvre aussi toute la complexité du monde.

En fait, j'aurais pu vivre, et même confortablement, avec les fréquentes remontrances de ma mère si elles s'étaient arrêtées uniquement à mes manquements à la langue. Mais, outre les mises au point langagières, il y avait la longue litanie des griefs qu'elle formulait contre moi, figée dans un port d'actrice. Elle allait parfois jusqu'à me reprocher mon existence qui avait gâché la sienne. Je compris plus tard que, par cette violence, elle tentait de se dégager de l'emprise paralysante d'une femme qui devait jouer dans mon éducation tous les rôles : l'autorité et la tendresse, l'interdiction et la consolation, la punition et la grâce. Elle pouvait brutaliser à proportion qu'elle caressait, me souffler des douceurs au tuyau de l'oreille puis m'envoyer paître, louanger mon intelligence et l'instant d'après me traiter comme le plus minable des crétins, oscillant sur de multiples registres, passant de la colère à la tendresse, de l'adoration au mépris, de l'extase à la réprobation. Ah! l'instabilité de ma mère et sa propension à ériger en manquements impardonnables la moindre vétille! Enfant, j'aurais pu vivre en permanence saisi d'effroi si je n'avais inventé de toutes pièces et développé des techniques de subsistance, de résistance. La langue n'était pas le moindre des outils, des artifices, des façons de passer le temps, et je m'étonnais qu'il puisse ainsi filer au rouet de la vie. Et puis, j'avais la chance extraordinaire de vivre à Port-au-Prince. Si quelqu'un m'avait à l'époque affirmé que je vivais sur un nuage, que cette vie ressemblait à une vie de félicité, je me serais rallié instantatément à cet avis et j'aurais renchéri que j'étais au paradis.

Enfance, Enfance
Ô mon enfance
Donne-moi encore
Ta rumeur d'eau profonde
et tes parfums d'hyménées célestes

V

Comment le gamin voit-il sa ville en ouvrant les yeux sur le monde ? Dans l'avant-jour, entre sommeil et réveil, tous les matins que Dieu fait, il est tiré des limbes par le passage de lourds tombereaux transportant les ordures de la cité. Les hommes qui les conduisent ont les yeux rouges. Est-ce à cause de la fatigue et du manque de sommeil ? Le petit garçon, dans sa tête, les confond avec ceux qui, toutes les nuits, hantent son sommeil du bruit sourd de leur tam-tam. Les lève-tôt agonisent ces travailleurs de leurs railleries. « Bayakous ! Gadé Bayakous ! » crient sur leur passage les gamins des rues, ceux-là qui n'ont ni gîte ni logis et dont la rue est le royaume. Les manants répliquent en les outrageant et, tels des gladiateurs experts menant leur char de feu d'une main, ils font mine de l'autre de leur lancer des poignées d'immondices et d'autres matières que la bienséance m'empêche de qualifier. Tout cela se passe avant le réveil des coqs de l'aube qui trouveront les rues débarrassées des ordures et des détritus de la veille. Crissements plus légers sur la chaussée inégale. La caisse bigarrée montée sur quatre roues du marchand d'akassan s'arrête de porte en porte. L'odeur d'absinthe qu'exhale son haleine se mêle au fumet de la bouillie de maïs chaude. Il en vante la valeur nutritive, la saveur exceptionnelle aux femmes encore endormies qui lui tendent leurs vaisseaux, toutes sortes de récipients sauvés d'on ne sait quels naufrages ménagers. Chants mélodieux célébrant l'exquise saveur du fruit de l'arbre à pain chaud, du friand à la viande tout chaud et de la douce qui vient quenêpe. Les gamins des rues saluent avec des cris de joie le passage du train de la Hasco filant vers la plaine de Léogane : promesse de ripaille. À la brume du soir, quand les wagons reviendront remplis, ils seront au rendez-vous et déroberont quelques bâtons de canne à sucre malgré la vigilance des surveillants armés de fouets en nerfs de bœuf.

Six heures, les portes s'ouvrent toutes grandes aux premiers rayons d'un soleil conquérant. Les senteurs du café du petit matin se mêlent à celles persistantes du jasmin de nuit. La vie recommence à Port-au-Prince. Tintamarre des klaxons. On se bouscule, on s'appelle, on s'interpelle. La route de Martissant n'est plus que grouillements indivis. Place des Héros-de-l'Indépendance, on se dépêche de peur d'être surpris par l'envol du drapeau qui, pendant cinq bonnes minutes, arrêtera toute vie. L'enfant, sur son chemin d'écolier, fait en passant, comme chaque matin, un signe amical de la main aux deux vigiles de bronze. Face au Palais national, le premier, le Marron inconnu, torse puissant nu, genou fléchi au milieu d'un tertre plein, regarde, de ses yeux métalliques, s'étirer vers le sud en s'effilochant les derniers filaments blancs qui tachent le bleu de la matinée caraïbéenne. D'une main d'acier, il empoigne une conque marine. Chaque jour, la magie se renouvelle : le petit garçon entend résonner, comme un coup de vent, l'appel de la liberté. La statue équestre grandeur nature du deuxième vigile, coiffée d'un bicorne et juchée sur un piédestal, donne dos à la montagne. Ses yeux fixent l'horizon, au-delà de la mer, d'un air à la fois inquiet et résolu. Sa main droite levée en un signe altier rameute une troupe invisible. La parole dit que la statue délimite par ce geste les frontières et marque une zone interdite : « Arrêtez, peuples ! Ici commencent la fortune et la puissance. » Ce sont là propos indignes de l'Empereur. Ce sont là propos indignes de celui qui, face à la rapacité des fils bâtards réclamant l'héritage, tout l'héritage de leurs pères, s'était scandalisé : « Et ceux dont les pères sont en Afrique, ils n'auront donc rien ! » Quand je pense à cette statue qui domine le Champ-de-Mars, quand je revois sa main droite brandie, je suis convaincu que l'empereur Dessalines fixant de son regard d'acier le vent mauvais s'exclame : « Ô vous, malheurs et calamités, arrêtez ici et dites Honneur et Respect à ce nom de cette immense balafre qui entaille la ville ? Aucun bois, pas même des broussailles et encore moins des chênes, ne retient la terre qui la borde. À la moindre averse, elle dévale, emporte cases, bêtes et humains, les précipite dans ses crevasses abruptes et les alluvionne à la mer. Par temps sec, le moindre souffle soulève de l'intérieur une tornade de poussière. Dans un filet boueux, les lavandières pétrissent le linge ; elles seules savent le pétrir comme fait le potier de la fine terre glaise tandis que leur rire cristallin rejaillit sur Port-au-Prince.

Enfilades d'instants qui me conduisent de venelles en corridors, de corridors en cours, de cours en lakous, lakou Fourmi, lakou Jadines, lakou Bréa jusqu'au front de mer. Ah ! le front de mer. Décembre faste ! On inaugurait l'Exposition internationale organisée pour commémorer le bicentenaire de Port-au-Prince. Mois fastueux et tous les jours qui suivirent. Chaque matin, au réveil, je savais que j'abordais un rivage de lumière. Jours ensoleillés que j'ai conservés dans un écrin de velours ; jours plus précieux que les joyaux de la couronne. On le savait, depuis plus d'un an, qu'il se préparait un projet audacieux ; pendant de longs mois, la rue Pavée, la rue Bonne-Foi furent fermées à toute circulation. On a vu remuer un monde de béton, de briques, de roches et d'asphalte. On a entendu dire qu'on allait reprendre de la terre à la mer. Ce que l'on observait par les fentes des palissades nous laissait pantelants : défilés de

peuple dont la geste n'a pas fini de remuer le monde ! »

Je me souviens du kiosque à musique. Chaque dimanche soir, la fanfare de la garde présidentielle jouait, pour un public bigarré, des airs martiaux. Une fois, on reçut la visite d'un chef d'orchestre belge, un nommé Van Thiegen. (Était-il vraiment belge ?) Les musiciens, vêtus pour la circonstance de leur costume d'apparat blanc et or, exécutaient une marche wagnérienne. Tout à coup, on entendit monter un tollé des gradins. La foule hilare poussait des cris d'enthousiasme. Médusé par tant de désinvolture, le public des tribunes officielles, dont le président, les ministres, son état-major, accompagnés de leurs femmes et de leurs enfants, se leva d'un bloc et vit, ô stupeur ! Eric-Barbe-Maïs qui modulait, à l'aide d'une baguette imaginaire, les huées de la foule. Voulait-il ainsi tourner en dérision ces nègres endimanchés qui obéissaient en cadence à ce chef belge ? Une autre fois, je vous conterai l'histoire légendaire de la vie et de la mort de ce fou d'Eric-Barbe-Maïs dont on retrouvera, au temps damné, au temps des années de sang, le cadavre mutilé, place Sainte-Anne. Une bonne fois aussi, je vous raconterai l'histoire d'autres fous de Port-au-Prince. Celle de Saint-Boule, qui marchait toujours pressé-pressé, traînant avec lui une valise remplie de tout ce qu'il possédait, parce que, disait-il, il craignait de rater l'avion qui devait le conduire dans les pays de l'autre bord de l'eau. Étrange préfiguration de ce million d'Haïtiens qui, peuple dont la geste n'a pas fini de remuer le monde ! »

Je me souviens du kiosque à musique. Chaque dimanche soir, la fanfare de la garde présidentielle jouait, pour un public bigarré, des airs martiaux. Une fois, on reçut la visite d'un chef d'orchestre belge, un nommé Van Thiegen. (Était-il vraiment belge ?) Les musiciens, vêtus pour la circonstance de leur costume d'apparat blanc et or, exécutaient une marche wagnérienne. Tout à coup, on entendit monter un tollé des gradins. La foule hilare poussait des cris d'enthousiasme. Médusé par tant de désinvolture, le public des tribunes officielles, dont le président, les ministres, son état-major, accompagnés de leurs femmes et de leurs enfants, se leva d'un bloc et vit, ô stupeur! Eric-Barbe-Maïs qui modulait, à l'aide d'une baguette imaginaire, les huées de la foule. Voulait-il ainsi tourner en dérision ces nègres endimanchés qui obéissaient en cadence à ce chef belge ? Une autre fois, je vous conterai l'histoire légendaire de la vie et de la mort de ce fou d'Eric-Barbe-Maïs dont on retrouvera, au temps damné, au temps des années de sang, le cadavre mutilé, place Sainte-Anne. Une bonne fois aussi, je vous raconterai l'histoire d'autres fous de Port-au-Prince. Celle de Saint-Boule, qui marchait toujours pressé-pressé, traînant avec lui une valise remplie de tout ce qu'il possédait, parce que, disait-il, il craignait de rater l'avion qui devait le conduire dans les pays de l'autre bord de l'eau. Étrange préfiguration de ce million d'Haïtiens qui, une dizaine d'années plus tard, allaient traîner leurs valises aux quatre points cardinaux. Celle du capitaine Carangue qui s'affublait de médailles et de décorations, récompenses de hauts faits militaires accomplis lors d'une imaginaire guerre d'indépendance menée aux côtés de nul autre chef que l'empereur Dessalines lui-même. Celle de Lochard, ce mulâtre resquilleur de classe, qui prenait d'assaut toutes les fêtes de famille. Celle de Ti Lolite qui avait passionnément aimé Louloune Lapine, femme de grande infidélité devant l'Éternel. Depuis qu'elle l'avait quitté, il souffrait d'une diarrhée d'amour, d'une cacarelle d'amour, douce folie inconnue de l'Académie. Ti Lolite pouvait engloutir une quantité phénoménale de biscuits à grosse mie. Malgré ce régime, il était maigre comme un clou et promenait une ligne filiforme au grand dam manifestement envieux des obèses et des pansus.

À cinq heures de l'après-midi, de retour de l'école, tu traverseras de nouveau la place des Héros-de-l'Indépendance. Tu t'étonneras de voir ces hommes vieillissants, poètes, journalistes, politiciens déchus, venus reluquer les jeunes domestiques qui étirent là leurs quelques minutes de liberté. Le plus réputé d'entre eux, un ex-ministre du nom de Laviolette, un vieil aristocrate rondouillard et chauve qui se plaignait d'avoir des guiboles en coton qu'il cachait sous des guêtres de cuir. Les avait-il achetées chez ce brocanteur qui bradait les reliques de l'empire de Soulouque? Il se vantait d'avoir fait le tour des plaisirs du corps du temps où il était au pouvoir. Pourtant, ce vieux lutinait encore les petites bonnes qu'il abordait, les lèvres en cul de poule, en leur disant d'un ton solennel, comme s'il s'apprêtait à leur offrir la lune : « Je suis le ministre Laviolette, je vous offre deux gourdes. » Place des Héros-de-l'Indépendance. Ma mémoire redonne vie à ce lieu magique, lieu de promenade, lieu de parades. Y avons-nous assez défilé en chantant pour le pays, pour les ancêtres, pour le drapeau, pour la patrie, mourir est beau ! Lieu fabuleux s'il en est puisque autour de ce quadrilatère, à peine plus grand qu'un mouchoir de poche, le monde se répercutait. Le Palais national, les casernes Dessalines, l'ambassade de France, le consulat des États-Unis. Le destin du pays se tramait là, avec, pour témoins, nos vigiles de pierre.

L'adulte, aujourd'hui installé dans une ville de l'extrême nord de l'exil, ville balayée par le souffle impétueux de la neige, regarde défiler des lieux à la senteur de bougainvillier et d'ylang-ylang. Il découvre les beaux noms des rues de la ville et le plaisir d'y déambuler, tantôt à l'ombre, tantôt au soleil, de ramasser sur les lèvres des marchandes leurs bordées d'injures, de secouer de ses pieds la poussière des chemins, poudre d'or couleur pourpre d'un instant d'éternité avant d'aller pisser distraitement contre un mur lézardé. Bois-Verna, Bourdon, Babiole, Bas-peu-de-chose, Bois-de-Chêne. Ah ! Bois-de-Chêne ! D'où provient le nom de cette immense balafre qui entaille la ville ? Aucun bois, pas même des broussailles et encore moins des chênes, ne retient la terre qui la borde. À la moindre averse, elle dévale, emporte cases, bêtes et humains, les précipite dans ses crevasses abruptes et les alluvionne à la mer. Par temps sec, le moindre souffle soulève de l'intérieur une tornade de poussière. Dans un filet boueux, les lavandières pétrissent le linge ; elles seules savent le pétrir comme fait le potier de la fine terre glaise tandis que leur rire cristallin rejaillit sur Port-au-Prince.

Enfilades d'instants qui me conduisent de venelles en corridors, de corridors en cours, de cours en lakous, lakou Fourmi, lakou Jadines, lakou Bréa jusqu'au front de mer. Ah ! le front de mer. Décembre faste ! On inaugurait l'Exposition internationale organisée pour commémorer le bicentenaire de Port-au-Prince. Mois fastueux et tous les jours qui suivirent. Chaque matin, au réveil, je savais que j'abordais un rivage de lumière. Jours ensoleillés que j'ai conservés dans un écrin de velours ; jours plus précieux que les joyaux de la couronne. On le savait, depuis plus d'un an, qu'il se préparait un projet audacieux ; pendant de longs mois, la rue Pavée, la rue Bonne-Foi furent fermées à toute circulation. On a vu remuer un monde de béton, de briques, de roches et d'asphalte. On a entendu dire qu'on allait reprendre de la terre à la mer. Ce que l'on observait par les fentes des palissades nous laissait pantelants : défilés de chalands glissant dans l'échancrure de la baie, dragues à benne piocheuse fouillant les grands fonds, pelleteuse géante, échafaudages jaune d'or jusqu'au ciel, un univers de ferraille, de sable et de ciment; les excavatrices faisaient trembler le sol sous leurs coups. Bruits assourdissants de marteaux-piqueurs à crever les tympans. Port-au-Prince, disait-on, allait se doter d'un front de mer digne d'une des plus grandes capitales de la Caraïbe. On était en attente d'émotions inédites.

L'attente ne fut point déçue. La magie fonctionna dès que j'eus franchi l'entrée principale de l'Exposition qui ouvrait sur le prolongement de la rue Bonne-Foi. Dans l'ocre poudreux et interminable du crépuscule s'étendait la place du Bicentenaire piquée de globes électriques. J'avais connu à Martissant les allées d'amandiers et de jasmins sauvages. Et voilà que défilaient devant moi cent cocotiers tenant compagnie à cent palmiers et à autant de lauriers roses et rouges dans la poussière d'or du couchant. Tout le long de l'avenue Harry-Truman, une voie destinée aux parades et à la promenade, des fresques murales rappelaient les moments historiques, la mythologie et les scènes de la vie quotidienne. L'*Esclave brisant ses chaînes* ouvrait la série appelée à illustrer les grands faits de la vie nationale. La déesse-sirène tendait les bras à tous les peuples de la terre; des scènes de marché, de bals paysans, de femmes voluptueuses semant sur la ville des pétales de fleurs. Ogun Ferraille, le dieu de la guerre, terrifiant : il luttait contre un

71

dragon qui défendait un cercle magique où se tenait couchée une femme dont les yeux étaient à la fois empreints d'extase et d'effroi. Et cet homme monté sur un aigle avec un cœur dans la main, suivi d'une femme chevauchant un cheval ailé, brandissant un tison de lumière. Au bout de l'avenue, la place des Nations-Unies où des milliers de bambous nains par bouquets ombrageaient des bancs disposés en arc-en-ciel. La fontaine lumineuse installée là, au centre. Nos rêves de grandeur en avaient fait la huitième merveille du monde. Flanquée de Naïades et de Nymphes d'ébène une statue mythologique, un monstre crachait, de la gueule et des naseaux, des jets spasmodiques qu'accompagnaient des airs de Ravel, de Debussy. Une immense cuvette recueillait une eau multicolore où nageaient une profusion de nénuphars.

J'avais élu un lieu de prédilection : la Ross Maning avec ses projecteurs aveuglants, ses baraques de forains, sa grande roue, ses manèges. Chaque soir, on exhibait des êtres à l'étrangeté biologique scandaleuse. J'étais fasciné par les fakirs venus de l'Inde lointaine accompagnés d'une faune pailletée de devineresses, de voyantes invitant à taquiner, comme des pêcheurs, la truite, le fil ténu séparant la déveine de la chance. J'assistai à des spectacles ahurissants de trapézistes, de cyclistes acrobates, de danseurs de corde. Je ne me souviens pas avoir vu de feux d'artifice comparables à ces féeries sur l'océan : un jaillissement dans le ciel de lueurs phosphorescentes comme si des millions d'étoiles dansaient la mazurka en voltigeant par essaims. J'avais l'impression qu'il suffisait d'allonger la main pour les cueillir.

Le petit garçon grimpe une à une les marches d'un interminable escalier. Les pierres damées, polies par le frottement d'innombrables pas, pas de pèlerins, pas de pénitents, pas d'insatiables neuvaines, scintillent. La messe se doit d'être entendue, en ce jour de la fête du Saint, dans ce haut lieu d'une catholicité en mal de pierres. Bermudas aux genoux, lunettes fumées, chemise hawaïenne, casquette à visière de joueurs de base-ball, appareil en bandoulière, des Américains traquent la détresse en haillons, « Touristes pa pran potré'm ». Ils finiront la soirée à l'Olofson, le même hôtel où Graham Greene nous peindra, quelques années plus tard, comme de fantasques comédiens. Là, au tournant du mur aveugle chaulé, des jupes entraves et des pantalons fuseaux moulent des fesses bien pleines qui arpentent le trottoir et ne savent pas qu'avant la pluie, pour quelques feuilles vertes, leurs cuisses hospitalières accueilleront la chaudepisse cueillie à Amsterdam, à Ostende, à Hambourg ou à Rio.

Flots d'instants ruisselants dans un éblouissant désordre. Côte Saint-Antoine. Dieu! que j'ai cherché cette part de moi-même que j'y ai laissée. Côte Saint-Antoine, la cambrure des paresseux en parasol se reflète dans l'eau des caniveaux. Chaque pierre cache un secret; chaque pavé soulevé soulève un souvenir. Tu dévales à toute bouline la pente. Tu vas retrouver les copains. C'est Mardi gras. Toute la journée, tu cours de bande carnavalesque en bande carnavalesque ; tu ne traverseras pas la grande avenue de Lalue comme l'a intimé l'interdit maternel. Le soir te trouve épuisé. Tu dors à côté de ta mère d'un sommeil innocent. Soudain, clameur, bruit de vaccine, roulements de tambour, saccades de cha-cha-cha ; un son rencontre un autre son, un troisième rentre dans la danse, un quatrième lui vole la vedette. Les sons se répondent, tournent les uns autour des autres, s'arrêtent un bref instant, recommencent. Tu ne peux résister à l'appel pressant de la musique, à cet aimant de timbres et de rythmes dont seul le groupe carnavalesque Orthophonique avait le secret. Te voilà nu devant la porte de la chambre qui donne sur la rue. J'ai toujours aimé dormir nu. Tu regardes passer la bande, hypnotisé. Escortée par une enfilade de lampions, la foule descend la côte. Une horde de corps vibrent en des mouvements syncopés, des hanches souples roulent en saccades ; les danseurs évoluent dans une chorégraphie dont les figures et les pas semblent être réglés de toute éternité. La rue n'est plus qu'une immense meringue endiablée. Te voilà dans la foule, happé par la bande, mêlé à la danse d'agression et de séduction. Tout bon bambocheur sait de quoi je parle. Ai-je goûté à l'absinthe dont la bouteille passe de main en main ? On boit à même le goulot. L'aube en lambeaux du mercredi des Cendres me trouve affalé sur un banc de la place

Sainte-Anne. La casquette qui me secoue sans ménagement me prend pour un gamin des rues, un sans aveux, sans feu ni gîte. Retour peu glorieux, veuf de clairons et de trompettes excepté ceux de ma mère qui m'accueille en fustigeant ma délinquance précoce, avec tout le quartier pour chœur « Milo, Milo, ramasse ta drive ! Sinon... »

Et cette autre fois, l'animation inusitée de la rue. Tu comprends que cette agitation dépasse le cercle du voisinage immédiat et même du quartier. Depuis plusieurs jours, dès trois heures de l'après-midi, un vacarme assourdissant monte des bas quartiers de la ville. Cuillères en fer-blanc et pierres tapent sur tout ce qui peut résonner : casseroles, drums de gazoline, poteaux électriques... Port-au-Prince, disait-on, battait les ténèbres. Et chaque soir, de la rue des Fronts-Forts à la place des Héros-de-l'Indépendance, il y avait retraite aux flambeaux suivie par un peuple qui hurlait de colère. Sur l'axe de mes souvenirs, ces images sont nettes. Elles n'ont pas besoin de mise au point. Elles sont même en couleurs. Je saurai plus tard, bien plus tard, que ces événements marquèrent un tournant dans notre Histoire. Ce climat d'agitation était suscité par les étudiants et entretenu par un journal, *La Ruche*, qui prenait fait et cause pour les gens de peu. Selon eux, il fallait procéder à une réforme agraire, nationaliser les sociétés étrangères, construire des routes, distribuer gratuitement l'eau potable, fermer les bordels, créer des coopératives, des écoles et des hôpitaux. Inébranlable optimisme de la jeunesse!

Un midi de fin janvier 1946, les mères envahissent les écoles. Elles veulent ramener les enfants à la maison. Madeleine aussi vint me chercher. Dans la rue, une foule immense, compacte, forme cortège. En tête, trois hommes portent une banderole figurant cinq anneaux rouge vif entrelacés et se terminant en franges simulant des traînées de sang. Derrière eux, d'autres hommes marchent à pas de charge. Ils portent un cercueil. Une redingote noire coiffée d'un chapeau haut de forme noir, juchée sur le toit d'une camionnette comme sur un podium, célèbre en un jargon compliqué « le peuple affamé mais fier ». Un groupe d'adolescents, des jeunes, des élèves de lycées, des étudiants, suivent la camionnette en scandant : « Assassins, assassins! » Je suis gagné par une sorte d'euphorie qui me pousse à me mêler à eux. Madeleine me tient fermement par la main afin que je ne sois pas emporté par la marée de manifestants. « Que se passe-t-il? Mais que se passe-t-il? » demandai-je à ma mère. Un vent de panique soudain. Ce charivari est accompagné de coups de feu. À côté de moi, un hurlement. En moi, une question sourde sans paroles : « Mais que se passe-t-il? » L'image est bavarde et pourtant elle n'est qu'une image. Un homme torse nu, regard épeuré, est soutenu par deux autres. Il a, au creux de la poitrine, un large trou. Je suis entraîné, porté par ma mère loin de là, loin des hurlements de la foule qui se dissipe dans les rues, ruelles et corridors avoisinants. Est-ce ce jour-là que je pris conscience de la fragilité de la vie?

Je crois que mon amour et ma phobie de la foule datent de cette époque. D'un côté, je la recherche, désire me mêler à elle pour retrouver cette sensation d'exaltation qui me pousse hors de moi, et de l'autre, la peur de ce qui doit suivre me paralyse. De nombreuses années plus tard, en mai 68, boulevard Saint-Michel, à Paris, puis le 24 juin 70, à Montréal, au Québec, j'ai vécu comme dans un rêve les mêmes événements. Une foule, ni tout à fait la même ni tout à fait une autre, les mêmes banderoles, la même liesse et la même charge policière, la panique, les cris, le sang et les manifestants qui se dispersent dans les rues avoisinantes. Une vie fait-elle suite à une autre dans le déroulement du temps? Comment la mémoire assure-t-elle l'enchaînement du temps au-delà des ruptures qui en scandent les différents moments? Y aurait-il une autre manière de comprendre qui ne soit pas qu'avec son corps? Il y a des foules de choses qu'on ne comprend qu'avec son corps, sans trouver les mots pour le dire. Il y a des souvenirs qu'on ne sait pas dire.

J'aime la mer. Elle dit ce que je ne sais pas toujours dire : le mouvant, le nomade. Voici plus d'un demi-siècle que je regarde des mers, des rivières, des sources, des fleuves, des lacs et des étangs. Jamais je n'aurais pensé que je serais resté attaché à la mer de mon enfance, mer infestée de méduses du côté de Lamentin, mer aux vagues saccagées par le tumulte éphémère des mouettes, écumes, orchidée de diamants dansant dans le bleu-vert des vagues ; jamais je n'aurais pensé traîner toute ma vie le souvenir des galets noirs et mouillés sur la grève, là où l'écume morte attend l'écume vivante. Je cherche encore des pierres plates capables d'effectuer dix ricochets successifs.

Ma ville rongée par la mer ! Je la connais rue par rue, quartier par quartier, je connais ses différences, la différence des visages et des âmes. J'ai un sentiment d'amour, de piété filiale envers cette ville, un sentiment de solidarité avec les êtres. Cortège de paumés : filles de joie sans joie, fantômes errants d'insomnie, vagabonds englués dans les bas-fonds du rêve. J'aime cette ville, labyrinthe où résonne, jusque dans la blancheur blême du petit matin, l'écho de la voix éraillée de Lumane Casimir. Dès qu'elle commençait à chanter de sa voix de braise, elle incendiait le monde de la meringue. Suis-je en train d'inventer ces images que je lâche au fur et à mesure comme des flatulences de petit mil ? Ethnologue de moi-même, je suis parti à la recherche d'images fondatrices, taraudé par le désir lancinant de comprendre cette vie que je vivais. Je la découvre à la fois unique et multiple, folle et terriblement rationnelle, souffrante et joyeuse. Je le sais, ma ville ne me lâchera pas. Où que j'aille, je me retrouve je ne sais trop comment dans ma ville. Je la vois au loin toutes les nuits ; je la reconnais à cette odeur de varechs, à ses rues grouillantes, je la reconnais à ses villas luxueuses perchées à flanc de montagne, à ses taudis qui se bousculent en dévalant la pente du Bel-Air. Je la reconnais à cette meute de chiens insomniaques qui m'accompagne, moi l'enfant aux pieds poudrés.

Ô ma ville aux mille visages où se juxtaposent, se chevauchent et s'annulent tant d'événements ! Je croyais très tôt avoir appris à dénouer tes énigmes, à connaître l'intimité de tes interstices. Comment comprendre et illustrer ta déchéance, tes haillons ? Ici, les cahutes piles sur piles, les chemins de plus en plus pierreux ; chaque pas, des nuages de poussière, chaque enjambée, la roche nue. Jusques à quand faudra-t-il négocier encore et encore avec tes nids-de-poule ? Port-au-Prince, ma ville amoureusement blottie au fond d'une baie lumineuse ! Tu recèles tout un orchestre de fantômes. Derrière l'écran des pentes agrestes du Morne l'Hôpital dont la musique des tambours et le jeu d'orgue des tcha-tchas dans les flamboyants en fleur tiennent en suspens le passé, au-dessus du vertige du temps, chaque geste, chaque parole résonne de l'accord grave de tes histoires enfouies dans ma mémoire.

Gloire de l'enfance qui aime le vent dans les branches des amandiers ! Gloire de l'enfance qui ausculte le cœur ouvert des cocotiers après le passage de la foudre ! Gloire au temps d'enfance où l'on perchait sur les branches des abricotiers, où l'on partait à l'assaut des palmiers, guerriers sans peur et sans reproche. La chaleur du jour était tempérée par le passage dans les bénitiers et nos fringales d'après-midi, par le chapardage dans les tabernacles de Saint-Antoine. Tu gardes encore le goût insolite du pain azyme. Faim de bruits et de musique ; là-bas, le chant matinal du coq rappelle chaque aube la trahison de Pierre, et les airs ensorcelants des contes, que les grands mounes interdisent de chanter en plein jour sous peine d'être changé en statue de sel comme la femme de Loth. Ô temps d'enfance, ces souvenirs qui me viennent par vagues produisent en moi l'impression d'avoir vécu dans un monde enchanté, royaume d'odeurs et de sensations fortes. J'entends pousser le maïs, je vois le battement fragile des ailes des papillons emprisonnés. Je sens l'odeur de l'humus et celle des réserves de fourmis rouges d'Amérique que je cultive. Seul roi de mon royaume, je hume, toutes narines ouvertes, la terre, les feuilles, les fleurs et le vieux vent Caraïbe.

Enfance
Ô mon enfance !
Je me tourne vers toi.
Puis vers eux.
Puis vers toi.
Vers eux.
Puis de nouveau vers toi
Enfance
Ô mon enfance.

VI

Un petit garçon trop grand et trop sec pour son âge se laisse sagement photographier, les yeux perdus dans le lointain. Cheveux tondus ras, négligemment accosté à un mur lézardé, il tient du bout des doigts un yo-yo; il doit avoir neuf ans, et à ses pieds, tracé dans le sable, le dessin d'une gigantesque marelle. Que de fois, depuis la mort du père et cet exil à Martissant loin des copains, il est allé au ciel. Voilà pourquoi il a l'air de danser sur la lune, de flotter au milieu de nuages. Voilà pourquoi il ressemble à une flamme fragile, vacillante, sur une tombe à la Toussaint. La photo s'anime, livre son poids de mystère et je retrouve l'instant perdu. L'enfant a chaud malgré ses culottes courtes; il a mal aux pieds parce qu'il a couru pieds nus sur les galets, il en a assez; assez de la lourde et mauvaise haleine du fond de mer, de la végétation proliférante dans la cour, une véritable forêt vierge, de l'herbe sèche qui crisse sous les pas. Il en a assez que sa mère, une fois de plus, lui en demande trop.

Ce sentiment d'un excès d'exigence est la toile de fond de sa vie. Son imagination depuis qu'il est devenu un familier des poissons, des oiseaux, des reptiles entretient des relations intimes avec les images et forge des gouffres, des précipices, des souterrains, des catacombes entre l'asphalte et la mer. « Est-ce que tu m'aimes ? » Il danse sur la lune et voilà que la voix de la mère le ramène à la case départ. Elle l'interroge d'une voix inquiète, et de la question sourd une violence implorante. Veut-elle se rassurer, endiguer une montée d'angoisse, sa peur de la solitude, de l'abandon, de la déréliction ? « Sur quelle planète es-tu ? Sais-tu que je n'ai que toi au monde ? M'aimes-tu ? »

La soif d'amour et de tendresse de sa mère le suffoque et le garçonnet, instinctivement, y voit un moyen d'asservissement, un chantage affectif. Il proteste. Non, il ne proteste pas vraiment car, malgré son jeune âge, il comprend déjà que cette question lancinante la tient éveillée, la requinque, lui permet d'affronter la rue, tête haute. S'il lui disait non, qu'il ne l'aimait pas, elle serait capable de se suicider sur-le-champ tant elle est proche de la passion, de la mortification, tant elle nourrit le goût de l'expiation, tant elle se love dans la volupté du calvaire. Il comprend du même souffle qu'elle dit vrai, qu'elle n'a que lui au monde. Et puis, malgré tout, malgré ses défauts, malgré l'ambiance asphyxiante qu'elle entretient autour d'elle, il l'aime. Délaissant sa marelle, il vient s'asseoir à même le sol et dépose sa tête entre les genoux maternels en fermant les yeux. Il sent leur étreinte chaude.

Comme pour conjurer le silence qui s'était établi entre nous, je me mis à penser à mon existence depuis que nous nous étions installés à Martissant, ce lieu ouvert aux quatre vents, calciné par le soleil et fouetté, chaque jour que Dieu permet, par les exhalaisons salées de la mer des Caraïbes. Nous habitions, ma mère et moi, cette propriété prise entre l'asphalte et la mer, dernier vestige de l'héritage du grand-père Léo Souffrant, située non loin de l'habitation que Pauline Bonaparte avait reçue en cadeau du général Leclerc. Au début, je passais tout seul d'interminables journées à écouter le mugissement des vagues, le regard engouffré dans le vide de la mer. Loin des longues parties de foot avec les copains d'où je sortais esquinté, le corps ensanglanté, je vouai une dévotion éblouie à la fable de l'univers. Que de fois je me suis attardé, blotti dans les branches d'un amandier de mer, à contempler jusqu'à satiété le violet d'un coucher de soleil en humant les sentes du vent. La pure absence des choses me donne le vertige mais, curieusement, ce vertige ne me fait pas basculer dans le vide ; il peuple l'horizon de reliefs, de saillies, de protubérances qui s'élèvent et s'abaissent. Que de temps j'ai passé à contempler les palmes immobiles des candélabres barricadant les enclos où sèche le linge fraîchement essoré. Combien de

84

fois me suis-je émerveillé devant la fragilité de l'hibiscus, la pâleur verdâtre des feuilles de citronnelle, l'or des bambous en fleur, le bleu des jacinthes, le rouge des flamboyants. Que de fois, l'œil à l'affût, j'ai scruté les sous-bois à la recherche de ce qui pourrait s'y cacher : le colibri malin, le lézard-caméléon, le bourgeon neuf, le trèfle à quatre feuilles, la pierre lunaire. Quelle promesse pointe sous les fluorescences pâles des arums sauvages? Mon regard inquisiteur guette la source hypocrite qui feint de ne pas savoir encore qu'elle va devenir ruisseau, rivière, et qui pourtant se précipite déjà vers son destin. La terre la boit goulûment pour la punir de sa trop longue absence. Que de fois j'ai assisté à l'énigme de sa disparition et de sa renaissance. À neuf ans, le monde encore confus s'offrait dans un tremblement au regard ébloui de l'enfant qui ne parvenait pas encore à fixer les choses. Cette époque n'était pourtant pas heureuse mais il se donnait du bonheur.

Devenu par la force des choses amateur de solitude, je m'ébrouais dans les glaires du commencement, du début de la vie et chaque pas découvrait de nouvelles merveilles : la cache secrète dans le tronc d'un vieux mapou où je recroquevillais mon corps fluet, la blancheur de la grève où paresseusement étendu, je humais les senteurs du vent et son haleine d'algues broyées. « Que salubre est le vent! » dit le poète. À fréquenter quotidiennement la mer, je devins expert en étrilles, crabes, ciriques, en coquillages, en marées et méduses, qu'on surnomme grattelles à cause de ce brûlant picotement que laisse leur bave lorsqu'elle entre en contact avec la peau. À deux pas de l'univers bleu des vagues, à deux pas de la grève, quand on avait passé l'embouchure, quand on avait patouillé dans les cuvettes de boue et de limon où le soleil se noie telle une aile déchue d'albatros sous l'œil sceptique des têtards et des crapauds, quand on avait traversé le champ de bambous, on trouvait le terrain vague et les oiseaux. Des oiseaux partout, des oiseaux par centaines.

Dès le lever du jour, le ciel s'irradiait d'ailes, de toutes formes, de toutes couleurs, les unes repliées et les autres déployées : affreuses ailes rouges du malfini, crochues, comme dragons pour anges rebelles ; ailes multicolores des perruches, longues ailes effilées toutes blanches des tourterelles, courtes ailes complètement noires ou brunes des canards sauvages, ailes bicolores blanc et noir des mouettes, ailes grises comme la couleur du temps des pintades. Le ciel, une anthologie d'ailes, un vestiaire ailé. Et je n'ai point parlé des ailes de libellules, des ailes de demoiselles, transparences ocellées de noir, des ailes de papillons de la Saint-Jean s'en allant aux quatre vents. Au loin, sur la ligne de l'horizon, ailes roses d'ibis, majestueux échassiers des Amériques et, à la brunante, grandes ailes sombres déployées de chauves-souris, des ailes partout et partout des oiseaux *oisillonnant, oiseautant*, gazouillant et sifflant. Les charpentiers jouent du bec dans les troncs des palmiers. Dès l'aube, ils

86

les trouent comme l'ébéniste cloue le cercueil. Je les ai souvent enveloppés de mes mains ; ils m'ont becqueté mais ne m'ont pas griffé, ils savaient que je ne les avais jamais chassés, qu'aucune pierre de ma fronde ne les avait jamais atteints.

Le vent me secoue dans les amandiers, le vent me balance. La beauté du vent. Les feuilles tombent en pâmoison quand il passe. Bercé par la brise, je dodeline sur une branche et contemple la sieste des nuages dans le grand hamac du ciel. Le frissonnant oiseau-mouche dans sa diaprure diaphane va et vient, d'hibiscus en frangipanier, tandis qu'à cette heure du jour, le soleil marche pieds nus sur la grève. Une ondée soudaine me fouette copieusement le visage. Je suis mouillé, trempé mais je reste accroché à ma branche, parce que je sais que la douchée, même abondante, sera brève, et, qu'après l'averse, je verrai tout aussi soudainement l'arc-en-ciel. Et comme toutes les fois après ces brusques ondées, le ciel deviendra plus bleu, un bleu soutenu sans défaut, qui laissera l'impression que le firmament s'est davantage encore éloigné de la terre. L'asphalte sombre et mouillé brillera de mille feux dansant tel un mirage dans le désert. L'air sera plus léger et plus frais.

Dans la moiteur de fin d'après-midi, quand le vent tarde à se lever et qu'il s'absente de la cime des arbres, les mouettes se mettent à tournoyer ; sous leurs ailes, des clartés de lumière plus belles que les éclats du cristal ; on dirait qu'elles se jouent de la pesanteur en se livrant à leurs jeux aériens sous le rose des nuages. J'aime le rose; j'adore tous les roses, des plus pastel aux plus éclatants, des plus fanés aux plus vifs. Et surtout les roses nacrés et brillants des nuées qui le soir tentent d'envahir le bleu du ciel. J'adore dans la fin d'après-midi ce rosissement soudain et généralisé du ciel, comme si tout le firmament s'empourprait. Le vent revient, en brise, une longue caresse dans les cheveux. L'avocat avarié tombe; au bruit de sa chute, l'ortolan s'envole. L'avocat réjouira le palais de la truie. Odeur de terre! Odeur de paille humide! Levée de l'humus de la terre. Puis de nouveau la lenteur du couchant. Clarté stagnante du soleil, un soleil aussi fatigué que ces chars qui reviennent le soir du labour. La braise embrase le crépuscule. Je contemple cette lumière en retenant mon souffle de la même façon que j'observe l'araignée tissant une toile inondée de couleurs où la mouche viendra d'elle-même se constituer prisonnière. Au tintement des cloches de l'Angélus, le train de la HASCO ramènera la canne coupée d'hier. Pas à pas, l'ombre s'avancera; je devinerai l'instant où elle aura franchi l'obscurité des feuillages; il me faudra quitter l'arbre et revenir sur terre sous un fourmillement d'étoiles. Les jours s'écoulent semblables à la longue marche des bœufs qu'on conduit à l'abattoir et qui bavent la noire chaleur du jour. Les yeux endormis, hommes et bêtes, en longues caravanes surgies de nulle part, longent les rails et marchent à la même cadence. Les bœufs meuglent longuement en se battant le flanc de leur queue; les hommes chantent des mélopées lugubres du temps d'antan, des mélodies monotones du temps qui s'en est allé.

Parfois, l'épais feuillage d'un manguier me sert de repaire. À califourchon sur une branche, métamorphosé en branche, en oiseau taciturne, j'assiste, dans un déluge de lumière crue tombée du ciel, à des spectacles ahurissants. J'ai vu du haut de mon perchoir le vautour-*malfini* fondre sur une poule de Guinée avec la vitesse de l'éclair. Un jour, j'ai vu Eunide Moreau, qu'on disait vieille fille, vierge et maudite, accoucher toute seule, sans sage-femme. Les premières douleurs l'avaient frappée sous le manguier. J'entends encore le hurlement qu'elle a poussé et qui m'a glacé d'effroi, tétanisé : des sons gutturaux, l'extrême de la souffrance. Comment la gorge d'un être humain peut-elle receler de tels cris? Elle accoucha d'une face bleuâtre, simiesque, aveugle et muette. J'ai vu arriver, épuisée, Anna Gésilhomme, la mère de Jacinthe, originaire de la plaine de Léogane et qui avait émigré vers Martissant. Madeleine l'a recueillie avec sa fille Jacinthe et elle les logea dans une des cahutes en terre battue non loin de la voie ferrée. En échange, Anna lavait et repassait le linge. Jacinthe fut ma compagne de jeu d'un été. Nos longues soirées de *lago-caché*, à la brunante. Où suis-je? Cherche-moi! J'ai juste le haut du corps qui dépasse du buisson. Cherche-moi! Coucou! Je ne suis plus là, roucoule Jacinthe, la jolie nymphe potelée de mon enfance. Ma voisine Jacinthe!

Bien des années ont passé depuis que, culottes en charpie, chemisette en nage dans les ruées belliqueuses de la bruine des crépuscules, je traversais en courant le terrain vague et ses flaques d'eau pour te rejoindre derrière le buisson d'azalées. Le vent imprégnait la brunante de gouttes de serein et rabattait en une seule caresse la touffe d'azalées pendant que je braquais mes yeux sur l'antre de tes cuisses. Ma voisine Jacinthe ! Nos longues soirées à regarder la lune. Lune pleine, d'une rondeur parfaite, qui rendit folle Eunide Moreau. Je l'ai vue, ce soir de pleine lune, alors que depuis la mort de son enfant mort-né, elle gisait le visage abîmé, la mâchoire rongée par une sorte de lèpre, les yeux si démesurément exorbités que jamais elle ne baissait les paupières, se lever et se mettre à danser, danser, danser jusqu'à la transe. Soudain, elle s'arrêta et, le regard au pays des nuages, tint à son Seigneur et Maître un discours en français de France – à l'étonnement généralisé de l'entourage qui la savait analphabète. Chacun de se demander où diable elle avait été en contact avec la langue du Blanc, la langue de Dieu ; et chacun de se perdre en conjectures : « Elle a dû, enfant, entendre sans comprendre des mots qui ont rythmé sa vie de nourrisson ? » Et maître Théétète, le philosophe du coin (était-ce son vrai nom ?), de conclure que « cette très simple femme avait retrouvé au seuil de sa mort le tragique goethéen ». Elle parlait dans une langue que nul ne pouvait imaginer qu'elle connaissait, avec des mots que même les lettrés n'avaient jamais prononcés, une langue d'hibiscus et d'abeille avec des silences brefs, des arrêts sur lumière, une langue qui les laissait perplexes, accablés d'effroi.

La marée montait à la lune nouvelle. Le paysage prenait alors un relief différent de celui observé le jour. À son dernier quartier, la lune passablement gorgée d'eau nimbait les contours et les saillies d'un flou artistique. « Pourquoi elle ne tombe pas, la lune ? » me demandas-tu un jour, voisine Jacinthe.

De mon perchoir, je pouvais voir les maisons avoisinantes. Celle qui jouxtait notre propriété était habitée par une femme qui, disait-on, avait le diable au corps. Comment s'appelait-elle déjà ? Lucette Reillis. Man Rey. Louloune pour l'affection ! Le voisinage colportait que sa vertu ne valait pas cher, qu'elle ne pouvait vivre sans avoir un arbre planté dans son jardin. Elle avait plusieurs maris, du moins c'est l'idée que je me faisais, puisque rentraient chez elle, selon les heures, selon les jours, des hommes différents. À cette époque, les baies vitrées n'existaient pas et les volets qui pendaient sur des gonds la plupart du temps rouillés étaient toujours ouverts. On pouvait voir madame Lucette et ses hommes se battre avec un style brutal et obscur qui n'avait d'égal que la violence de leurs ébats amoureux. Ils s'étaient mis d'accord tacitement, chuchotait-on, pour ne pas s'entretuer. Trois hommes : un sergent de l'armée, un instituteur et un journaliste d'un grand quotidien de la capitale. Entre le sergent et Man Reillis, il régnait une étrange tendresse. Il arrivait en uniforme, enlevait sa chemise jaune kaki et prenait une chaise qu'il appuyait contre un poteau de la galerie. « Louloune », appelait-il. Man Rey accourait. « Fê *kap* pou mwen. » Louloune faisait semblant de chercher des poux dans la tête du sergent. Kap! Kap! Kap! c'était ce bruit léger, à peine perceptible que faisaient ses deux ongles quand leur tranchant se rencontrait; elle répétait, sans le savoir probablement, un usage qui remonte à l'époque des plantations, quand les femmes esclaves épouillaient la tête de leurs maîtres, séance qui pouvait durer des heures. Ce rituel est devenu une caresse prisée par ces messieurs qui, aujourd'hui encore, se font fouiller les cheveux par des maîtresses consentantes. Les yeux fermés, signe d'une suprême jouissance, ils se curent les oreilles avec une plume de poule. Des copains et moi avions inventé le verbe : *plume-pouler*. Man Lucette faisait des *kaps* pour le sergent qui, lui, plume-poulait, les yeux mi-clos. Pourtant, cette tendresse à visière levée n'empêchait pas que quelques heures plus tard, entre les deux, la bataille prenait sans parole, sans grognement, sans juron, ni gros mot. On entendait uniquement le bruit des objets qui s'entrechoquaient ou tombaient. Puis, le gémissement métallique du sommier de leur lit. De mon avocatier, je les ai vus enlacés, en position fœtale; la chevelure en bataille, les os de l'omoplate de Man Rey semblaient vouloir percer la peau des deux côtés de la colonne vertébrale. Je les ai vus sur un lit à couverture rayée, leur visage dissimulé sous l'oreiller, comme s'il suffisait qu'ils ne voient plus pour devenir invisibles. Sur une chaise trônaient le pantalon et la chemise kaki ainsi que le revolver passé en bandoulière sur le dossier. À la tête du lit étaient posés pêle-mêle la jupe de percale, le corsage brodé et les dessous affriolants. Man Rey avait un faible pour ce sergent qui pourtant offrait l'aspect d'un hybride d'oiseau plumé et de sphinx, ce papillon nocturne aveugle. Il venait du nord de l'île. On le reconnaissait à l'accent, à ce parler mouillé propre aux gens de cette région. Il arrivait que d'autres femmes du quartier lui reprochassent bien amicalement d'aimer les gens qui viennent de loin. « Jésus, Marie, Joseph, enfoncez-vous bien cela dans la tête : je ne chasse pas sur mes terres », répliquait-elle avec un accent de grande dame du temps jadis. On ergotait que le sergent venait de Fort-Liberté et qu'on l'avait vu arriver tout jeunot à Martissant, le baluchon sur le dos. Grâce aux relations de Man Rey, il avait fini par entrer dans l'armée et gravissait maintenant pas à pas les échelons.

La première fois que je vis l'instituteur, le second mari de Man Rey, il avait la manche gauche de sa veste enfilée dans sa poche. Je me suis demandé s'il la tenait de la sorte par un souci d'élégance dernier cri ou parce qu'il était manchot. Le doute s'est vite dissipé lorsque, en gravissant les marches du perron, la manche sortit de la poche et se mit à flotter dans le vent comme un drapeau de reposoir. Renseignements pris, le bras lui avait été arraché au large des plages de Lamentin par un chien de mer, une sorte de molosse, dont l'espèce, affirmaient pourtant nos géologues des fonds marins, avait disparu depuis belle lurette. Quelle déveine cordée! Avec l'instituteur, le scénario était différent. Man Rey poussait des cris de douleur. On entendait l'homme l'insulter, mais je le voyais à genoux, nu, et, elle, elle le fouettait. Ils en faisaient des choses, ces deux-là. Les corps se livraient à des acrobaties absurdes, prenaient des poses ridicules, un genou et les coudes fichés au sol alors que l'autre gigotait dans l'air, des contorsions à n'en plus finir tant et si bien que seins, ventres, épaules et cuisses ne formaient plus qu'une grappe compacte de volumes agrégés; je n'arrivais pas à distinguer quel morceau appartenait à qui. L'instituteur venait le dimanche après-midi. Une fois, pris d'un accès de curiosité fébrile, j'ai grimpé par-dessus la clôture, me suis faufilé jusque sous la fenêtre de leur chambre. Juché sur un escabeau de jardin dans une jungle d'hibiscus, j'avais une vue directe sur la chambre à coucher. Ce jour-là, pour le punir d'avoir été brutal et malhonnête (mais qu'avait-il fait au juste?) elle lui avait intimé l'ordre de lui lécher la plante des pieds et les orteils. Roucoulements, gémissements, éclats de rire et mots épicés, toute une litanie. Je les entendais sans comprendre : donne-moi ton Amérique, laisse-moi me plonger dans ton Artibonite, caresse ma Baie-des-Chaleurs, emprunte la voie de mon canal de Suez, laisse-moi pétrir tes deux pyramides de Chéops, décapsule ma Sainte-Croix-Dumont. Moi, pour mieux voir ce qui se passait, je m'agrippai au rebord de la fenêtre. Yeux écarquillés, je vis les couilles velues de l'homme gigoter entre les cuisses de Man Lucette au fur et à mesure qu'il la pistonnait de son dard gros, dur et violet comme un bâton de canne à sucre, et qu'il lui caressait la toison en beuglant : « Tu es ma chatte adorée ! Aïe ! Aïe ! » Ma tête s'est mise à tourner et mon cœur battit la chamade. Comme ils donnaient de la voix, je perdis l'équilibre et me retrouvai les quatre fers en l'air, au milieu d'une giboulée de pétales, de branchages et de brindilles piquantes et crépitantes.

Quant au journaliste, j'associe le souvenir que je garde de lui à cette funeste journée où l'on faisait un sort peu enviable aux sicaires et collaborateurs du régime déchu. On le vit arriver, poursuivi par la foule, les cheveux en étoupes tel un naufragé sauvé des eaux, affublé de vêtements en pièces : blue-jeans maculé de sang, la braguette à moitié ouverte, un épais tee-shirt qui ne se souvenait plus d'avoir été blanc, sorte de ruine pleine de taches et de brûlures de cigarettes, aussi froissé que s'il s'était couché dessus pendant plusieurs nuits. L'homme, le visage déformé par une grimace hideuse qui révélait une rangée de dents jaunes et cassées, paraissait essoufflé ; sa langue aussi violacée qu'une aubergine pendait. Il était venu se réfugier chez madame Lucette qui brava la foule, poings sur les hanches, regard défiant. Après cet incident fâcheux, les deux autres maris de madame Lucette désertèrent sa maison. Le journaliste partit en exil et madame Lucette connut ce que le voisinage appela, à juste titre, une traversée du désert, une traversée si longue que madame Lucette, qui n'était plus visitée par ses maris, passait son temps à crier : « Au feu ! » Accouraient alors voisinage, curieux et pompiers armés de sceaux et de boyaux et, quand on lui demandait où était le feu, elle répondait : « Ici », en soulevant sa robe ; elle ne portait pas de culotte. Elle n'en portait pas, car elle avait la mauvaise habitude de pisser au fond de la cour, debout, le buste droit, les jambes écartées, en soulevant ses jupons à volants. On entendait couler un long jet suivi d'un bruit d'égouttement pareil à celui d'un robinet qui fuit. On ne voyait rien, absolument rien, seulement une plaque jaune après qu'elle s'était éloignée. Il était évident, me semble-t-il, que le bénéfice de cet ample confort impliquait qu'elle renonçât à porter une culotte.

Tu es revenu au pays de l'enfance
Et te voilà étranger
Tu as vu des grappes d'humains
accrochés aux arbres
Ils poussaient des cris de haine
Une branche de laurier dans les mains
Tu as pensé brandir
un rameau d'olivier
Tu t'es ravisé
Quand tu t'es présenté
Aux portes de la ville en ruine
Tu as vu des yeux exorbités
pantelants de terreur
de grands dépeceurs
tournoyaient dru
Au ras des tôles

VII

Je ne sais plus où j'en suis dans ces entrelacs de récits boiteux et tronqués au fil desquels je m'échine à rétablir une cohérence de façade alors que je mesure à chaque pas combien ma vie est soumise au seul principe du hasard. Je sais qu'il n'est guère d'entreprise plus risquée que celle de revisiter son enfance, de revenir sur sa vie, de la repasser, de la resucer, comme de la bagasse. Ceux qui se sont livrés à ce périlleux exercice croient qu'ordinairement ce projet prétentieux et insolent, même lorsque les auteurs déploient des merveilles d'intelligence, se heurte à des récifs : le contentement de soi qui piège, biaise beaucoup d'aspects, ou son contraire, la flagellation, qui ne vaut guère mieux, la posture mystificatrice, le maquillage rétrospectif, la coulpe battue *ad nauseam* dont on a appris, cela fait belle lurette, qu'elle est la forme la plus délirante de l'orgueil. Ferai-je à mon tour naufrage ?

À l'approche de la soixantaine, alors que le portrait de ce qu'a été ma vie se trouve étalé là devant moi, comment retrouver cette enfance vive, celle de l'enfant qui regardait, devinait, supputait, attendait, messager-aventurier d'un avenir dont il explorait la douleur en silence? Comment retrouver ce labyrinthe qui résonnait des pas de ma solitude? Comment dévider la phrase pour enrichir ses creux de résonances mythiques? Ma mémoire a-t-elle gardé l'empreinte de ces jours d'euphorie où l'on apprend pour la première fois le bonheur exclusif d'une présence, ou n'a-t-elle conservé comme marque durable que les coups de gueule, les sanglots, les rancunes, les chagrins? Dans le système fermé qu'était mon univers familial, ne serais-je pas en train de mettre en place un huis clos sur le thème de l'enfer des tribus? Arriverai-je à libérer un flux d'énergie qui détacherait chaque atome et rendrait aux êtres que j'ai connus et côtoyés leur poids de singularité et de vérité? J'ai beaucoup hésité avant d'entreprendre ce récit. Je savais de façon obscure qu'en me mettant à repasser par mon enfance, à regarder ma vie de cette rive lointaine et, du coup, à raconter des tranches d'Histoire de ce minuscule pays qui est le mien, j'allais réveiller de multiples histoires, les unes plus douloureuses que les autres, histoires pleines de vicissitudes, histoires à pleurer, mélopées lugubres. Méritent-elles vraiment d'être contées à ceux qui leur sont étrangers? Ces mots légers, en ailes d'oiseaux, quasi impalpables, ces signes arrachés à l'ombre, à l'inachevé, à l'inéluctable pour tenter obstinément de les apprivoiser, reproduiront-ils ce que j'ai appris de la vie ou ne seront-ils que reflets d'un désir têtu de vivre ? En composant son Faust, Goethe, relatent les diégètes, voulait écrire : « Au commencement était le verbe »; il s'est ravisé et a finalement inscrit : « Au commencement était l'action. » Les souvenirs servent de matériaux à la fabrication des livres. Ne les écrit-on pas au moyen de paroles colportées, de nouvelles recueillies de justesse, au moment où le vent s'apprête à les effacer à l'orée des bouches ? Et, parce qu'il faut des souvenirs pour écrire des livres, j'ai peur de les éventer. Une fois que j'aurai étalé ces matériaux et que j'aurai installé ce récit à la frontière du dedans et du dehors, dans ce *no man's land* qu'est la parole lorsqu'elle ne paraît plus appartenir à personne et qu'elle égrène des lieux communs, peut-être n'aurai-je de cesse de les oublier : ils perdront tout intérêt alors que j'en ai besoin pour tricoter chaque maille de mon œuvre. Quoique fascinante, l'entreprise est risquée. Pressé d'arriver au bout, peut-être ne m'arrêterai-je pas pour éclairer sur toutes ses facettes la réalité, pour mesurer la densité de cette vie, en souligner les constantes, les contradictions, le sens fondamental que je crois pertinemment caché, énigmatique. Pourtant, cette tension vers ce sens fugitif me motive, même si parfois cette tâche me paraît incongrue.

Alors que le monde, au début des années cinquante, vivait en pleine révolution industrielle, avec ses usines, ses sirènes, ses travailleurs à la chaîne, moi, j'étais installé à Martissant, cette cité hors du temps. Là, le gamin que j'étais grandissait le cœur souvent triste mais plein d'espoirs, la bouche pleine d'éclats de rire. Je n'avais pas besoin de créer chaque matin un rêve d'évasion. Je n'avais qu'à m'abandonner à l'éblouissement de la mer des Caraïbes avec ses coraux, ses algues et ses sept nuances de bleu. Je n'avais qu'à me couler dans l'exubérance paranoïde de la faune et de la flore, au mirage des couleurs coruscantes où la vie puise sa fête; de l'aube au crépuscule, à l'ombre des arbres parasols, aire vibrante de chants de cigales ou sous les lampadaires, au milieu du virevoltement des lucioles, des papillons et des bêtes de pluie, le vieux vent caraïbe apportait en provenance de la Plaine le son des tambours, rappel énergique des rivages perdus. Pendant que je regardais passer les marines américains en permission, sensibles aux charmes des éphèbes et des putes dominicaines, des bordels avoisinants montaient des voix aux accents étrangers, voix latino-américaines, rauques, basses, modulées, voix roucoulantes de querido mio par-ci, de aïe mi corazon par-là, voix qui me pénétraient et me sortaient de mes peurs, voix qui retentissaient en moi comme des hennissements de chevaux sauvages galopant fous à travers les champs. La musique de ces noms que j'ai retrouvés — éclairés par des néons — beaucoup plus tard, à ma grande surprise, à Mexico, boulevard de los Insurgentes, Plaza de la Passeo Reforma : La Sonora Matansera, Celia

101

Cruz, Perez Prado, Daniel Santos, caracolant au sommet des hit-parades. Des airs de meringue, de danson, de cha-cha-cha s'échappaient des juke-box. Jeune pousse, je poussais, bourgeon vert, graine bien membrée, sous les voluptés du perpétuel été, guettant les amours éphémères des papillons de la Saint-Jean, zyeutant les filles impériales aux yeux bridés de Shanghai, le seul teinturier à des lieues à la ronde, ces filles, variations infinies de mélange de races et de cultures. Parlions-nous de métissage, déjà à ce moment-là ? Toutes les histoires du monde sont venues échouer sur le côté de cette île, à la mâchoire de caïman endormi : galions remplis d'or et d'émeraude, navires aux cales chargées de princes bantous, fausses Indes de l'Ouest, anthologie de paysages, encyclopédies de jungles, survivance de peaux cuivrées, créoles, une seule humanité aux prises avec la chaleur des Tropiques et les rivages méphistophéliques du temps. Rien ne semblait pouvoir venir à bout de ce goût de vivre que j'avais repris petit à petit. Ni le hululement des chouettes dans les amandiers qui ne meurent jamais de leurs blessures, ni le bruit lointain de la mitraille des coups d'État, ni l'angoisse qui hantait la noirceur de la nuit caraïbéenne. La terre d'Haïti me portait, me transportait ; elle me costumait de mille broderies, me couronnait de mille pierreries somptueusement. Et j'allais à grands pas, avide et peu soucieux de l'orage qui nous attendrait au tournant.

Avec quelques amis que je m'étais faits au fur et

à mesure que durait l'installation de Madeleine à Martissant, quand nous en avions assez de taquiner les filles du quartier, nous poussions jusqu'à ce que pompeusement nous appelions la zone industrielle. Ce n'était en fait qu'une petite alluminerie qui fabriquait des chaudières pour usage local et une tannerie qui occupaient un terrain situé à quelques mètres de nos demeures respectives. Embusqués dans la futaie de paresseux, nous écoutions les éclats de rire des ouvriers, nous goûtions leurs histoires d'une beauté obscène. Nous aimions observer l'éclat du métal en fusion, hypnotisés par les mains cuites, expertes dans le démoulage. Nous humions à pleins poumons l'odeur des peaux tannées que des hommes au torse nu transportaient sur leur dos jusqu'à un camion stationné de travers devant la porte de l'Allemand. Ah! L'Allemand. Il habitait en face de la tannerie. Très grand, yeux bleus, cheveux blonds, il avait toutes les caractéristiques physiques que nous prêtions aux gens des contrées nordiques. Comment s'appelait-il? Je crois que n'ai jamais su son nom. Avait-il seulement un nom? Je ne me souviens même pas d'avoir entendu une seule fois prononcer son nom. Peut-être que les consonances étranges de la langue allemande le rendaient si difficile à articuler que tout le monde avait pris le parti de l'appeler *Blanc*. L'interdiction était formelle : nous n'avions pas le droit d'aller rôder du côté de chez lui. Peut-être que, malgré l'étrangeté de son apparence, nous ne nous serions pas arrêtés pour le regarder avec autant d'insistance, si nous n'avions remarqué que les passants, appliqués à passer, jetaient un coup d'œil furtif sur la maison et qu'il y avait même des dames qui se signaient en prononçant le mot *Blanc*, que plus d'un hâtait le pas, à grandes enjambées lorsque leur regard croisait le sien, les rares fois qu'il le rencontrait. Chaque jour, éternellement vêtu d'un short et d'une chemise en grosse toile de kaki, coiffé d'un casque colonial, on le voyait sortir sur le coup de midi. Il lançait, avec l'ample geste du semeur, à une douzaine de coqs dodus, au plumage multicolore et vif enfermés dans un enclos, des coqs zingas dont les retentissants cocoricos exaspéraient le voisinage, des grains de maïs, qu'il puisait d'un sac de paille en bandoulière. Deux fois par semaine, il en saisissait un et le remettait, malgré les protestations de l'animal, à son secrétaire et homme de confiance qui l'emportait au fond de la cour. Quelques minutes plus tard, parvenaient des cris d'agonie à l'entendement indifférent des autres membres de la confrérie qui continuaient tranquillement à picorer.

On l'appelait Blanc, comme si, chez lui, il y avait l'essence de tous les Aryens de la terre comme s'il synthétisait l'essentiel de nos relations avec l'étranger : un mélange de fascination et de crainte. Je me souviens de sa tête d'acteur, de son regard qui filtrait d'un œil bleu glacial, un bleu de pharaon et qui donnait le frisson. Quand il m'arrivait de croiser ce regard, j'avais l'impression que les yeux s'animaient et devenaient comme un village incendié, un regard de feu qui vous brûlait à tel point que vous ne pouviez rien faire d'autre que de détourner le vôtre et de prendre vos jambes à votre cou. Des sourcils en broussaille, des paupières chassieuses que séparait un nez en bec d'aigle faisaient de lui l'image même du diable blanc. Je ne savais pas depuis combien de temps il habitait là, retiré, reclus dans cette maison entièrement calfeutrée, sous la chaleur d'un toit en tôle. La rumeur voulait qu'il ait une couleuvre qui chantonnait à cœur de jour sous le faîtage de sa maison. En ramassant ici et là des bribes de témoignage, j'avais fini par comprendre qu'il était arrivé là, il y a une dizaine d'années. Je ne me souviens pas d'avoir entendu sa voix, ni même s'il en avait une. Peut-être était-il tout simplement muet ou, puisqu'il ne parlait aucune langue humaine (sous-entendu le créole ou le français), avait-il choisi tout simplement de se taire? Pourtant, il devait posséder le don de se faire comprendre au moins de son garçon de cour qui faisait office de majordome, de *secrétaire,* préposé à toutes ses commissions, le seul lien qui le rattachait à l'agitation du monde. Quelle haine brûlante, tenace l'avait forcé à choisir la réclusion perpétuelle?

L'Allemand nous intriguait et nous ne cessions, mes amis et moi, de l'épier. Mille rumeurs circulaient sur lui, illogiques et contradictoires : le Blanc ne buvait que du lait; le Blanc ne dormait jamais. Il ne fallait pas s'aventurer dans son coin à minuit passé, car transformé en coucou mafrésé, il dévorait tout ce qui bougeait. Et puis un jour, toute la rue, sur les deux rangées, assista à un spectacle insolite. Le secrétaire, aidé de trois autres larrons, rentra dans la maison avec un cercueil flambant neuf. Et les bouches de recommencer à marcher. En réalité, le *Blanc* qui ne possédait ni famille ni amis avait fait commander, de son vivant, son cercueil.

Cette image de l'Allemand me hante aujourd'hui encore. Il m'arrive de lui inventer une histoire, de fabuler sur son passé. Heinrich Heine raconte que lorsque Dante marchait à travers Vérone le peuple le montrait du doigt et murmurait qu'il était en enfer. Aurait-il pu sans cela décrire tous ses tourments? Il ne les a pas tirés de son imagination, il les a vécus, éprouvés, vus, sentis, il était vraiment en enfer, dans la cité des damnés : il était en exil. À cette époque, j'étais loin de me représenter ce que cela pouvait signifier la vie en exil, la vie sans famille, sans amis et voisins, sans la langue familière, sans identité. Aujourd'hui, je crois comprendre les souffrances de cet Allemand, ce désir de s'enfermer dans sa propre solitude, de flotter entre ciel et terre. Peut-être était-il attablé avec des milliers de morts? Peut-être que le souvenir des siens absents lui suffisait. Le désespoir qui habitait ses yeux ressemblait à l'honneur qui aurait perdu jusqu'à son ombre. Il était en panne d'avenir, vivait à crédit, éloigné de tous les champs de bataille. Le seul cordon qui le rattachait au monde extérieur était la B.B.C. de Londres qu'il écoutait assidûment jour et nuit. Quand je repense aujourd'hui à cet homme, tout un imbroglio de questions se posent à moi. Comment était-il parvenu à arrêter ainsi le temps et à lui donner une consistance de roche? Comment peut-on vivre seul comme un grain de rosaire? Était-il vraiment seul? Ou était-il hanté par une foule imaginaire? Il m'était interdit de fréquenter cet Allemand qui n'avait pas de nom. Maître Théétète disait qu'il pouvait être un élément du IIIe Reich en fuite. Était-il seulement allemand? Déserteur, juif allemand, survivant d'Auschwitz, de Buchenwald? Quel crime avait-il commis pour s'exiler ainsi? Quelle déception l'avait relégué loin du monde, contraint à cet apprentissage de la solitude, de l'indifférence et de la pauvreté? Que cherchait-il à oublier? Depuis j'ai appris que, pour beaucoup d'Allemands, l'exil ne fut pas une nécessité matérielle mais une décision morale, un acte de courage et de lucidité. Au moment où l'Europe tout entière fut menacée de tomber sous la botte nazie, peu d'Européens avaient songé à s'exiler en Amérique. Ils voulaient demeurer près des frontières du Reich, revenir au plus vite, et surtout ne pas s'éloigner du pays. Privés de la possibilité de s'exprimer, traqués, torturés, plusieurs ont choisi l'exil dans des pays frontaliers où ils ont trouvé une liberté d'action. En ce temps-là, cette Amérique, vaste fabrique de mythologies, l'Amérique monstrueuse qui alliait l'immensité des paysages et des ressources humaines à la puissance de la technique et de l'argent, leur apparaissait comme un espace culturel vide... Alors, lui, qu'était-il venu chercher si loin de sa terre natale? Je ne le saurai jamais : désespérance de l'Histoire ou de la Mémoire?

J'avais à cette époque moins de dix ans, l'âge où les sens commencent tranquillement à s'éveiller quand, du haut de mon avocatier, j'observais les ébats amoureux de Man Rey. Me suis-je tout de suite rendu compte que l'univers féminin m'obsédait, que je pensais au corps des femmes de façon quasi névrotique? Ma très grande jeunesse, mon innocence charnelle, mon inexpérience me laissaient croire que l'amour n'était que ce que je voyais du haut de ma branche. Jusqu'à ce que je vienne habiter Martissant, l'amour n'était pour moi que ces jeunes premiers de cinéma qui embrassaient frénétiquement leur bien-aimée au sortir de mille péripéties au cours desquelles ils avaient couru mille dangers. En face de chez moi, il y avait une maison très cossue possédant tous les signes apparents de la richesse : grand train de vie et domesticité nombreuse. Sa propriétaire, madame Gano, représentait mieux, à mes yeux, l'idéal de la féminité que ne le faisaient les chairs replètes et débordantes de madame Reilly. Madame Gano était une métisse d'une quarantaine d'années, délurée, toujours couverte de colliers et de bracelets, qui ressemblait à Ava Gardner avec son nez aquilin, ses grands yeux noisette, et sa che-

108

velure abondante et souple. Une femme magné-
tique. Elle portait des jupes-entraves, ce que
j'appris plus tard être le nec plus ultra de la séduction. Elle conduisait, gantée de blanc, une voiture
décapotable, une étonnante Ford-quatre qui partait
et arrivait en trombe, laissant derrière elle une
poussière épaisse, gonflée comme un ballon diri-
geable. Souvent le matin, je la voyais s'encadrer
dans la porte-fenêtre qui donnait sur le balcon, une
serviette nouée autour de la tête. Elle la retenait
d'une main aux ongles longs, outrageusement
peints en rouge, mouvement qui découvrait
l'ample arrondi de seins encore très fermes, le galbe
du ventre et dénudait des cuisses longues et fines.
Elle avait la figure enduite d'un masque blanc. Sa
femme de chambre, que je rencontrai par hasard
sur la plage et qui me prit en belle passion, m'avait
raconté qu'elle avait l'obsession de garder sa peau
aussi souple que celle d'un nouveau-né. La
rumeur, cet état premier que revêtent les lubies
avant qu'elles ne deviennent vérités, voulait que
madame Gano suçât, la nuit, le cerveau des enfants
comme cette variété d'iguanes que l'on rencontre
sous les Tropiques et que nous appelons margouill-
lats sucent les jaunes des œufs dans les poulaillers.
On disait aussi que c'étaient ces corps d'enfants
vidés de leur sang qu'elle enterrait au fond de son
jardin qui rendaient celui-ci si florissant.

Evita, la femme de chambre de madame Gano,
dès notre première rencontre, m'avait invité chez
elle. Elle habitait, au-delà du champ de bambous,

une de ces cahutes en terre battue recouverte de chaume, une case-nègre. À l'insu de ma mère, je pris l'habitude de m'y rendre chaque jour. Très vite, nous devînmes des amis. Je la sentais très proche de moi. Elle parlait librement devant moi. Avec elle, je prenais ma revanche sur le silence, les réserves et les mensonges des adultes qui m'entouraient. Elle me disait tout, sans fard, sans censure. C'est elle qui m'a appris que les bébés ne venaient pas au monde dans une feuille de chou. Par elle, me parvenaient les rumeurs sourdes qui couraient sur les amants de madame Reillis, sur les inimaginables orgies qui se perpétraient à *La Tige de jade*. Avec elle, le temps devenait élastique, révélant à quel point une seule journée englobait tant de merveilles différentes. Chez elle, elle se promenait nue. Jamais je n'avais vu déambuler un corps de femme nu : les seins, le ventre, la toison, les fesses charnues, la splendeur des formes généreuses. Quand elle me parlait, elle me prenait contre elle, me serrait longuement contre ses seins et m'asseyait entre ses cuisses chaudes.

Me revient en frissons sur la peau la pluie de ses caresses. Elle me demandait selon un rituel immuable de lui lire à haute voix une page de mon livre de fable, vœu que je m'empressais de combler avec un zèle moutonnier. Presque tout ce que j'ai su et pu comprendre des *loas* et des dieux vaudou, des loups-garous et des protestants rejetés m'est venu de cette jeune bonne, à la peau couleur de pêche mûre et dont la tête était pleine de cette naï-

110

veté propre à l'imagination populaire. Que de nuits n'ai-je pas rêvé d'elle ? Un rêve récurrent. Je la promenais sur un océan d'écumes bleues en chantant à tue-tête. Ma barque était en bois de campêche et les rames brillaient comme deux flambeaux ; la voile était en soie bleu clair coupée en demi-lune. Un rêve obsédant – j'étais submergé de bonheur, emporté vers de brûlants soleils. Je nageais dans le plaisir et je me réveillais en sueur, tout tremblant de désir. Elle m'appelait son petit fiancé.

Un jour, la cervelle échauffée, je lui écrivis une vraie lettre d'amour dans laquelle je lui proposais de mettre fin, concrètement, à cet amour trop platonique à mon goût. J'étais loin de soupçonner que cette femme, comme beaucoup de gens d'humble condition, était analphabète et que mes pattes de mouche seraient pour elle dépourvues de sens. Au pays des lettrés, elle était aveugle. Ne pouvant donc comprendre le premier mot de ma lettre lui déclarant l'ardeur de ma flamme, elle eut recours à l'aide d'un des garçons de cour qui, lui, possédait quelques degrés dans l'art de déchiffrer les signes écrits. Malveillance ou jalousie, après avoir pris connaissance de ma missive, il lui recommanda de l'apporter à ma mère.

J'eus ce jour-là une double punition. Ma mère s'installa sur la galerie et se livra à toute une comédie. Elle pleurait, faisait mine de s'arracher les cheveux, disait vouloir mourir. « Vous rendez-vous compte, disait-elle aux passants qui s'informaient des motifs qui me valaient toutes ces longues heures à genoux sur les marches du perron de la maison, écrire, devinez à qui ? Je vous le donne en mille – À une bonne ! » Je faisais preuve là que j'étais un *sans-aveu*, un *sang-sale*, un voyou qui ne méritait pas les sacrifices qu'elle s'imposait pour que je puisse fréquenter une école où côtoyer la bonne société. « Si jeune, commentaient les passantes, et avoir ce goût prononcé pour les boniches ! » Selon le philosophe Théétète, cette lettre révélait sans faille ma perversité ; il cita à l'appui un certain Sigmund Freud qui aurait déclaré que l'enfant est un pervers polymorphe (poly quoi ? me suis-je demandé), ce qui expliquait à coup sûr mon dévergondage précoce. Ce jour-là, alors que j'essuyais tous les quolibets des habitants du voisinage, j'eus l'impression – mais il se peut que cette impression me soit venue seulement en pensant à cet épisode — de ressembler au Christ sur sa croix, avec une différence notoire cependant. Ma mère à moi ne pleurait pas sur mon sort malheureux, elle était le bourreau qui m'infligeait les insultes, le centurion qui me tendait l'éponge imbibée de vinaigre. En tout cas, cette mésaventure m'aura permis de réfléchir longuement sur la condition de domestique, sur l'analphabétisme et sur l'écriture comme stratégie et instrument de séduction. Ai-je été manipulé ? Trahi ? Je n'ai pas jeté l'anathème sur elle. Au contraire. J'ai appris avec elle ce que l'on n'apprend pas à l'école : l'innocence comme le crime ne sont souvent que les fruits empoisonnés de l'ignorance.

Tout près de l'embouchure, là où l'on peut contempler l'eau trouble et rougeâtre de la Rivière froide, se trouvait *La Tige de jade,* une maison que la propriétaire, Paulette Morvan, avait fait construire, après avoir mûrement réfléchi sur les avantages de cet emplacement. Elle venait d'hériter d'un officier de l'armée américaine d'origine japonaise, déserteur de son état, dont elle fut la concubine durant toute la période de l'Occupation. Après deux ans de maladie et de soucis qui ravagèrent son corps déjà esquinté par le vin de canne dont il faisait un usage déraisonné (on raconte que, même à l'agonie, il tenait serrée contre lui une bouteille), Kino mourut dans les bras de Paulette éplorée. « Ne pleure pas de tristesse, c'est de joie qu'il te faut pleurer », lui avait dit Kino. Ce furent ses derniers mots avant de mettre cap sur l'éternité. Quelques jours auparavant, il avait remis à Paulette un coffret en bois laqué qu'il lui recommanda de n'ouvrir qu'après sa mort. Il contenait, à la surprise ébahie de Paulette, une provision de dollars ; personne ne sut exactement à combien s'élevait ce petit magot, mais il était suffisant pour que Paulette puisse vivre confortablement le restant de ses jours.

Plongée dans le silence le jour, animée à la brunante jusqu'à une heure tardive, la maison ne dévoilait guère aux passants la vie et l'ambiance qui régnaient à l'intérieur. Sur une enseigne d'une grande sobriété, au-dessus d'une silhouette de femme en costume d'Ève, une Barbie de lumière masquée d'un loup doré se détachant sur un fond ensanglanté, était inscrit en lettres fluorescentes : *La Tige de jade*. On y pénétrait par une porte pleine en acajou massif. En guise de vestibule, une vaste étendue sablonneuse traversée par une étroite allée de marbre. Au centre, un petit bassin couvert de nénuphars où trônait un angelot figé dans un envol de plastique. Une volée de marches en marbre conduisait à une mezzanine bordée d'un balcon en fer forgé. Là, se tenait Paulette que tout le monde appelait « la patronne ». Confortablement installée dans un large fauteuil en osier à l'ombre d'un brasero peint en trompe-l'œil où se consumaient des bûches ardentes, elle régentait tout.

Au rez-de chaussée, toutes les pièces ouvraient sur une rotonde ; c'est là qu'était placé le rogatoire. Sous l'ellipse d'une ombrelle frangée de dentelle ouvragée, une photo de Kino encadrée, plastifiée, noyée sous des guirlandes d'orchidées en papier de soie. Dans une vitrine, étaient enfermées des vases en terre cuite vernissée, des statuettes en bois d'une grâce simple et une grande potiche chinoise qui contenait les cendres de Kino – souvenir impérissable du bon numéro d'homme sur qui Paulette était tombée, un vrai gros lot de la loterie nationale. Exclusivement réservé aux filles et à leurs clients, le rez-de-chaussée se divisait en trois espaces nettement discriminés. Le visiteur qui venait à *La Tige de jade* pour la première fois vivait un complet dépaysement en découvrant l'agencement de l'espace du devant. Il pourrait croire que, sur la large table basse posée sur un grand tapis, devait se dérouler la cérémonie du thé à la japonaise. La pièce du milieu, la plus grande, la plus confortable, était équipée de miroirs biseautés et de sofas recouverts de velours rouge, à formes insolites. Là, enveloppé dans la tiédeur d'un kimono en soie brodée, surbrodée de tangaras fastueux, le client, en attendant que lui soit amenée la déesse de son choix, pouvait admirer à satiété la décoration du plafond. Une ronde de personnages au sexe indéterminé et au torse dénudé, des amours de sirènes et de cygnes, des centaures enlevant des femmes, des satyres brutalisant des nymphettes et s'ébattant sur des vagues bleu océane peintes, rehaussaient la splendeur de la pièce. Cette vision, parente à l'hallucination, proposait au regard des formes et des attitudes qui n'avaient jusque-là hanté l'esprit humain que lorsqu'il est confus, obscurci ou emporté par le déchaînement des passions tant la ligne de partage n'est pas simple entre volupté, bacchanale et scènes hédonistes de la vie ordinaire. Lampadaires et lampions tantôt dispersés, tantôt concentrés, donnaient l'impression que la pièce vacillait dans l'incertitude, et ce d'autant plus qu'une farandole de teintes mordait les visages sculptés, rongeait les traits dessinés, comme si l'artiste hésitait à célébrer la beauté inégalée de toutes les vanités de ce monde ou voulait tout simplement portraiturer à la fois l'envers et l'endroit de l'âme humaine, ses ténèbres et ses clartés, sa sagesse et sa déraison.

La troisième pièce était dotée d'une baie vitrée, assemblage de panneaux coulissants qui, une fois ouverts, laissait entrer la brise marine à laquelle l'homme, accompagné de sa favorite, pouvait exposer son visage baigné d'ivresse tout en dégustant des plats épicés (chiquetailles de lambis, cocktails d'écrevisses, steak de tortue caret, fricassée de morue) réputés aphrodisiaques. Le repas qui contribuait fortement au renom de la maison était servi sur de grandes tables, dans la véranda attenante, au milieu d'un jardin. Le remugle de la mer caressait des branches d'amandiers, des tiges de bougainvilliers et des feuilles natives de palmiers. Pour les habitués, il y avait des jours spéciaux : de véritables repas de fête. Le samedi midi, un consommé de gîte – l'os à moelle à vous couper le doigt ; le dimanche soir, la daurade au gros sel accompagnée de cresson de source, sans oublier le principal, ce riz blanc parfumé accompagné d'une purée de haricots noirs, rouges ou blancs où flottait, majestueuse, *l'âme des pois*, un morceau de lard salé. Une panoplie de sauces à volonté, sauce-chien, sauce-Ti Malice, sauce au gingembre et à l'échalote... Et l'inévitable piment rouge d'Amérique, un piment Bonda Man Jacques, de quoi vous incendier la langue, le palais, toute la gorge, le gros et le petit intestin.

Deux escaliers en colimaçon encadrant la mezzanine permettaient d'accéder au premier étage où s'enfilaient une douzaine de chambres faites et fournies d'hôtesses triées avec soin et initiées aux caresses les plus inédites. Chaque pièce était munie d'un futon, d'un miroir et d'un lavabo. Quels que soient le temps ou la saison, il régnait une température agréable puisque des jalousies laissaient passer la brise par leurs fines lattes de bois, et en retour filtraient les gémissements insolites qui parvenaient aux passants et aux voisins par nuit calme, mêlés au bruit des grandes vagues.

Personne n'avait jamais pensé que madame Paulette prendrait un jour sa retraite. Sa vie, c'était *sa Tige de jade*, sa villa des illusions, comme elle l'appelait. Elle approchait de ses soixante ans. Elle avait mené jusque-là une vie de battante, intense. La villa fonctionnait bien; elle avait même gagné ses lettres de noblesse. Mais elle n'en parlait guère : elle n'était ni bravache, ni guerrière. À la regarder chaque après-midi trônant sur sa chaise en osier, j'avais l'impression qu'elle avait de tout temps été là. Elle était une personnalité importante dans le quartier. Puis, elle se mit à parler de fermer la villa, de tourner la page. Y avait-il d'autres pages? Et dans quel livre?

Les affaires des êtres humains sont toujours mystérieuses et les femmes, comme les chats, ont neuf vies. Un dimanche, madame Paulette donna une fête somptueuse à laquelle elle convia plus d'une centaine d'invités de marque. Au champagne, elle annonça la fermeture de *La Tige de jade*. Elle épousait un jeune officier fraîchement diplômé de l'Académie militaire, Arnold Corbeau. Un dimanche, deux semaines à peine après le mariage, il y eut un grand branle-bas à Martissant. On avait trouvé Paulette et Arnold morts dans le lit nuptial. Aucune trace de violence sur les corps étroitement enlacés. Le juge de paix conclut à un double suicide puisque une boîte vide de véronal trônait bien en évidence sur la table de chevet. Et les langues marchèrent bon train. Les mariés n'avaient pu supporter l'idée que leur bonheur puisse prendre fin un jour... Paulette avait mobilisé tout un arsenal d'onguent, de crème et de lotion en s'imaginant que ces produits contenaient des germes bénéfiques susceptibles de creuser un chemin en profondeur et qu'ils finiraient par capturer et exterminer le virus du temps. Mais une fois que la peau eut absorbé ces produits, tout refaisait surface : les rides, les cernes, les poches sous les yeux, les traces de griffe autour de la commissure des lèvres, le double menton. Maître Théétète trouva une occasion supplémentaire de philosopher. « Les êtres humains n'imaginent pas que l'œuvre du temps est semblable à la pollution. Elle libère un virus lent et néfaste dont ils n'arriveront jamais à venir à bout. » Les voisins, la mine sceptique, s'enquirent : « Et Arnold dans tout cela ? » Maître Théétète n'était jamais en panne de réponse. « Dans les suicides collectifs, c'est connu, chacun pense à se sauver lui-même. Arnold, quoique jeune, quoique riche d'avenir, a levé lui aussi les mains, il serait plus

118

juste de dire qu'il a baissé les bras, devant la perspective d'une misérable solitude... »

Il y eut foule à l'enterrement. Beaucoup de vieux et assidus clients pleurèrent sur Paulette, sur le passé, sur eux-mêmes. Quand une des filles de Paulette voulut reprendre à son compte *La Tige de jade*, ma mère décida de déménager. Elle ne pouvait plus, alléguait-elle, élever son fils dans le voisinage de la *frontière*, euphémisme élégant qu'elle utilisait pour nommer ce quartier où les bordels commençaient à pulluler. La frontière est cette ligne qui divise et qui relie ; elle est une coupure, une blessure ouverte, un *no man's land*, un territoire mixte dont les habitants ont souvent l'impression de n'appartenir vraiment à aucune des fractions, bien que d'invisibles liens rassemblent le destin de chacun de ceux qui naissent ou vivent dans ce territoire. Crépuscule pour les uns, aube pour les autres, le suicide de Paulette marquait pour moi la fin d'une époque. Nous avons donc déménagé.

Une fois de plus, il fallait rompre avec des familles, des voisins, quitter des amis avec qui on avait tissé des liens complexes. Des habitudes, des connivences avaient germé, et voilà qu'il fallait couper, une fois de plus, le cordon, s'accorder avec d'autres voix tout en sachant que j'évoluais dans le provisoire et que je devrais m'adapter à un nouveau milieu, revenir de mes étonnements, satisfaire mes curiosités, assouvir mes ignorances et vivre tout cela avec un sentiment de fragilité, de nonpermanence des êtres et des choses. Était-ce mauvais de vivre comme un fil suspendu sur le vide ? Pas forcément. Tu apprenais petit à petit à compter sur toi et sur toi uniquement. Tu apprenais à construire, au fil de ces déménagements successifs, un petit bonheur à la mesure de ton horizon d'enfant, à traquer la magie des instants, à remplir de mille soleils la vacuité des heures, à t'inventer les jeux les plus insolites, à te trouver mille refuges.

Ces souvenirs sont les plus nets qui me soient restés de ce temps de ma prime enfance. Malgré leur caractère fragmentaire, nimbés de mystères, ils persistent et resurgissent. Ils sont comme cette autre histoire qui a recouvert d'un drap de sang toute mon adolescence et mes premiers pas d'adulte. Mais elle est connue celle-là : la dictature, l'exil, l'errance. Cette histoire je la porte en moi, collée à ma peau comme de la glu. Souvenirs de sang, de larmes, hanterez-vous encore longtemps ma mémoire ? N'y a-t-il nul espace pour l'oubli ? Temps mythifié de l'enfance perdue, temps de l'arrachement et de la grisaille de l'errance, temps impersonnel, temps de la lente chute, temps aux rêves inaboutis, temps sans perspective. « Ressemblerais-je plus à mon temps qu'à mon père ? » répétait souvent Maître Théétète pastichant un vieux proverbe arabe. Il arguait que les Grecs méprisaient la mémoire écrite qu'ils considéraient comme une mémoire morte et ne vénéraient que la mémoire non écrite qui était immortelle, créatrice, active, vivante : « Dans cette partie du monde où nous

120

sommes nés, disait-il, les écrits s'en vont et les paroles restent. » Ainsi s'expliquerait l'attachement de ce peuple au passé, à la tradition. Ainsi s'expliquerait ce culte que l'on voue aux morts alors que la vie vivante n'a aucune valeur, selon notre philosophe. Que survienne un événement et on érige un monument de paroles. Et comme il n'existe pas de tradition écrite, les paroles servent de lien entre les générations. Les morts par exemple ne meurent pas. Ils survivent par une chaîne de paroles qui les relie aux vivants pour l'éternité.

Des années plus tard, je suis revenu à Martissant dans la fraîcheur d'un petit matin hagard. Je pensais trouver cette joie forte qui me transportait dans mon enfance quand juillet venait rire sous ma fenêtre avec des fleurs plein les mains. Je suis revenu là afin de rebâtir mon enfance : celle des cache-cache le bien, serre le bien dans l'odeur mêlée de verveine, de basilic, d'écorces et de copeaux ; celle de cieux cloutés d'étoiles, celle de la chaleur vive et des roches brûlées où poussait, trouée de lumière dans la pénombre des sous-bois, un garçon au corps aussi frêle que son pays. Je suis revenu à l'âge adulte et j'ai regardé mon quartier, ma ville, mon pays. Après avoir longtemps erré sur la planète, je suis revenu avec un goût intense de racines et de retrouvailles. J'ai parcouru les rues, les corridors et les impasses à la recherche du Martissant de mon enfance, vaste terrain de jeux : baudrier, balançoires, pont de singes, sauts de branche en branche. Je n'ai retrouvé qu'un mauvais décor de western. Poussière, mouches, chiens faméliques, mendiants et tout ce qui oscille entre ces espèces en avaient pris possession. Même les oiseaux avaient déserté Martissant.

Remue ton cadavre
Lève un pied, plante l'autre
Le talon enfoui
Marque ton refus

Remue ton cadavre
Écarquille tes jambes
Pointe un index vers le ciel
Un champ clos, une ouverture
sur l'infini des possibles

VIII

On avait donc déménagé. Ce que Madeleine n'avait avoué à personne, c'est qu'elle avait hypothéqué la propriété de Martissant et n'avait pu rembourser. La nasse de la faillite s'était resserrée autour d'elle, autour de nous. On s'est retrouvés dans un deux-pièces au Chemin des Dalles, deux pièces qui nous étaient sous-louées par une femme dont je ne me souviens plus du nom. Elle était tout en lourdeur : un corps aussi solidement charpenté qu'un mur de soutènement, un visage bouffi, une bouche à lèvres lippues, des yeux globuleux de grenouille, des jambes pareilles à des tambours. Toute la sainte journée, elle chantait. On n'avait qu'à prononcer un mot et cela lui rappelait un air qui déclenchait sur ses lèvres une cascade de mesures. Elle avait transformé la grande maison de style ginger bread, héritage de son défunt mari, en maison de rapport. Elle louait même les dépendances. Au fond de la cour, près des latrines, vivaient dans une cahute délabrée deux frères jumeaux, Dieujuste et Dieusifort Justin, si différents l'un de l'autre qu'aucun examen, si minutieux soit-il, ne parviendrait à déceler entre eux des traits de parenté.

Dieujuste était silencieux, lunatique, passait toutes ses journées assis sur la galerie, les narines au vent, fumant cigarette sur cigarette en aspirant l'air à toutes petites goulées, et semblait se tenir sur le seuil de sa propre personne. Je me suis toujours demandé s'il exerçait ses fonctions vitales ou même s'il en possédait les organes. J'imaginais que cet homme n'avait qu'un seul orifice polyvalent qui servait à l'admission, à l'écoulement et à l'échappement. Il buvait un coup pour se donner le courage de remuer son cadavre, puis trottinait de-ci, de-là, déplaçait la ferraille dont il prétendait faire commerce. Ce petit manège durait une heure ou deux, après quoi, il s'accordait une récompense : assis sur une chaise paillée basse, il sirotait un petit blanc, liquide qu'il affectionnait beaucoup et que, déclarait-il, « ses reins paresseux n'avaient pas besoin de filtrer puisque, pratiquement, c'était déjà de la pisse ». Le reste de la matinée, sa chaise accotée à un calebassier, les yeux fermés, il marmonnait tout seul, une parole bourdonnante, tel un essaim d'abeilles. Puis, ivre d'alcool et de soleil, il ronflait la bouche ouverte, sur des tons divers, tantôt aigus, tantôt graves, un vrai bouledogue de presbytère, à l'heure de la sieste.

Dieusifort Justin, lui, était un homme à la carrure athlétique, aux mains puissantes, à la poitrine couverte de tatouages. Il allait toujours torse nu, portant le même pantalon de zéphyr aux trois quarts retroussé sur des jambes terreuses et dont la ceinture, descendant jusqu'à l'aine, laissait à l'air un ventre tout rond, une énorme pastèque, enflée, traversée par une entaille semi-circulaire en forme de serpe. De quelle guerre où l'on chargeait à la baïonnette était-il rescapé? Aucun des deux frères n'avait femme ou enfant. Ils ne savaient ni lire, ni écrire, ni compter. Des deux, le véritable ferrailleur était Dieusifort; il connaissait son métier. Avec un cabrouet, il parcourait la ville, récupérait les carcasses de voitures, de cuisinières, de réfrigérateurs, de glacières et autres limailles. De retour dans la cour, il démontait cette ferraille, frappait sur la tôle à n'importe quelle heure du jour ou de la nuit, brûlait les pneus usés, chauffait le plomb à souder, au grand désespoir des voisins dont les plaintes étaient accueillies par des rafales d'insultes accompagnées des jets de vieux boulons et de retailles de fer. L'homme n'inspirait pas confiance d'autant plus que la rumeur voulait qu'il se métamorphose, les soirs de grande lune, en coucoufrisé. « Nous devons faire semblant de ne pas voir cet Attila baptisé, il n'existe pas », m'avait averti Madeleine. « Et s'il m'adresse la parole? » avais-je candidement demandé. « Mon Dieu!, s'était exclamée ma mère en levant les bras au ciel. C'est un grossier personnage, mais il ne manquera pas de tact à ce point-là! »

Une nuit où la chaleur nous avait forcés à trouver refuge sur la galerie arrière, ma mère et moi vîmes surgir une masse blanchâtre pareille à un amoncellement de coton sale, soulevant sur son passage une nuée de poussière. En écarquillant bien les yeux, nous reconnûmes des moutons. Dans la nuit, ils avaient franchi les ravins du Bois-de-Chêne, sans chien ni berger, et envahi la cour. Dieusifort qui battait sa ferraille s'arrêta net, sans réfléchir se précipita dans la mêlée et, prestement, attrapa un des moutons. Pour l'empêcher de bêler et de gigoter, il lui noua le museau et les pattes d'un fil de fer. Une fois l'animal immobilisé, de la main gauche, il lui tâta le cou, chercha avec une infinie patience la veine jugulaire ; quand il la trouva, de la main droite, il planta d'un seul coup son couteau jusqu'à la garde et le retourna dans tous les sens ; l'animal perdit toutes ses forces et râla dans un spasme unique. Il sortit alors le couteau, l'essuya sur la laine de la bête et, par les pattes, le suspendit à une branche du calebassier, à hauteur des yeux. Il pratiqua une entaille à une des join-tures, y introduisit une baguette de bambou et souffla tout l'air de ses poumons jusqu'à ce que l'animal soit complètement gonflé. En un tourne-main, il lui enleva sa robe de laine et le débita. Il alla réveiller Dieujuste qui prépara avec la tête et les entrailles un bouillon d'épinards et de kalalou-gombo dont le fumet réveilla mon appétit ; il versa sur les côtelettes et le flanc un bonne quantité de sel. Il réservait sans nul doute les meilleurs mor-ceaux pour une grillade. Ma mère resta abasourdie.

Il fallait être sans foi ni loi pour s'attaquer à cette bande insolite de moutons quand on connaît les tabous qui entourent, dans nos contrées, cet animal, quand on sait que le diable, dans ses ruses multiples, se cache fréquemment sous ce déguisement. Ma mère déménagea le lendemain.

Des années plus tard, en passant devant la maison du Chemin des Dalles, je m'enquis des nouvelles du sacrificateur de mouton. On me montra d'un index timide un homme qui, me dit-on, sortait tout juste de prison où il avait passé plusieurs années pour meurtre. Une nuit, il avait accompagné son troupeau de moutons dans leur promenade nocturne, question de savoir pourquoi leur nombre diminuait; il surprit le manège des frères Justin, leur demanda des comptes. La discussion tourna au vinaigre, le gardien de moutons égorgea Dieusifort d'un seul coup de couteau, lui faisant un trou comme ça, me dit mon informateur en dessinant de ses deux mains une forme ovale de la dimension du trou.

Madeleine nous installa à Lakou Jadine dans une zone nouvellement rebâtie située à l'est de la rue Lamarre, au dos du petit séminaire collège Saint-Martial. Cette maison avait l'avantage d'être située à une enjambée de mon école. Je n'aurais plus aucune raison valable d'arriver en retard, m'avertit Madeleine. Lakou Jadine était attenante à Lakou Mouzin, tous deux érigés sur ce domaine qui appartenait jadis au président Riché. Au moment de notre installation, à Lakou Mouzin, quelques descendants du feu président vivaient encore dans la maison principale. Les anciens, les vieux grands mounes, lorsqu'ils étaient en veine de confidences, l'alcool de canne aidant, et qu'ils égrenaient des souvenirs, évoquaient ce temps lointain de forte solidarité et d'entraide où l'on s'installait autour de la grande case sous la protection d'un patriarche bienfaiteur entouré de toutes ses femmes vivant en bonne harmonie. Autre temps, autres genres de vie, autres mœurs. L'accroissement démographique de Port-au-Prince avait fait éclater cette structure. Lakou Mouzin, en pleine capitale, était une survivance de cette époque bénie, mais en pleine désagrégation. Quels conflits graves, départs de familles entières, querelles intestines, partages successoraux répétés expliquaient ce déclin, cette décadence? La cour gardait encore sa structure primitive : à gauche et à droite de la maison principale, qui en imposait avec ses deux étages, une forme vague de fer à cheval réunissait un chapelet de maisonnettes. Au centre, la fontaine. Il n'y avait pas d'eau courante à Lakou Jadine. Chaque famille venait puiser à la fontaine l'eau des besoins domestiques. Dès six heures le matin, avant même que le gardien n'ait ouvert la grosse vanne d'alimentation, spectacle haut en couleur, une troupe compacte, babillarde et chamailleuse, munie de seaux et de cuvettes, prenait d'assaut la place. Il fallait se dépêcher de remplir les barils; à huit heures précises, le gardien referme la vanne. Puis, le quartier retombait dans le silence, une sorte de muette discrétion rappelant l'ambiance d'une ville de province.

J'aimais notre nouvelle demeure située dans un rassemblement de cailles presque jointives, serrées autour d'une aire de terre battue qui, à la moindre averse, se transformait en bourbier. L'odeur de terre mouillée qui traînait autour des flaques d'eau longtemps après qu'il avait plu m'enchantait. Derrière la rangée de maisons, un enchevêtrement de jardins où s'entassaient, véritables morceaux d'anthologie de paysages, des arbres fruitiers qui recelaient toutes les succulences de la terre. La maison voisine de la nôtre était habitée par la famille d'un adjudant : sa femme, ses deux enfants et ses trois belles-sœurs. Tel un paléontologue qui reconstitue des espèces disparues à partir d'une mâchoire ou d'un reste de crâne, quelques traces suffisent pour que ma mémoire recompose l'univers de ces quatre femmes aux destinées minuscules. Je me souviens surtout d'Antonia. Elle devait avoir quinze ans, une fille au charme mystérieux et bouleversant. J'aimais ses yeux marron et profonds comme la mer. J'aimais le noir mystère de leur regard, j'aimais ses dents espacées et blanches, son rire beau comme la rosée de l'avant-jour, un rire splendide, insolent. Antonia, vierge aux fesses pincées le jour, consentante dans la brume du soir ; elle se laissait régulièrement culbuter dans le petit bois aux alentours, je peux l'affirmer : je l'ai vue maintes fois. Paulette, l'aînée des sœurs, était modiste, « styliste », disait-elle. Elle adaptait au climat tropical et à sa clientèle des modèles de vêtements qu'elle trouvait dans les catalogues américains : Montgomery, Bellas Hess, Bargain Sears-Roebuck ; elle rêvait de faire fortune avec sa machine Singer ; alors, elle pourrait laisser libre cours à son talent, créer ses propres modèles, organiser des défilés de mode. Coco Chanel des Caraïbes, sa réputation traverserait les frontières et la mer, elle deviendrait aussi célèbre que le rhum Barbancourt. Dans un décor de tables, de fauteuils, de boîtes en carton encombrés de coupons de toile, de morceaux de mousseline, de pièces de rubans et de dentelle, la troisième sœur tenait un commerce de *douce de lait* ; dix sous suffisaient pour se procurer un carré de sucre à la crème, un véritable péché. Dora, la femme de l'adjudant, était différente des autres. Elle paraissait plus jeune que son âge, avait des gestes, un sourire presque enfantins, des yeux noirs d'une gravité muette, semblables à ceux des statues, qui laissaient parfois l'impression qu'elle était aveugle. J'éprouvais en entendant sa voix douce et harmonieuse une surprise pareille à celle que j'éprouvais quand, à Martissant, dans la douceur du soir qui descendait délicatement sur la grève, j'approchais de mon oreille la bouche d'une conque marine. L'après-midi, Dora surveillait, de ses yeux qui ne paraissaient rien voir, les jeux de ses deux enfants. Adossée immobile contre un arbre, coiffée d'un chapeau de paille qui lui faisait couronne, les bras parallèles aux plis de sa robe, délivrée de gestes, elle avait la

131

magnificence d'une épure. N'eût été sa voix plaintive qui de temps en temps réprimandait la turbulence d'un des petits, on aurait pu croire qu'elle était de pierre.

Le maître de maison, l'adjudant, grand amateur d'absinthe, de cigares et de femmes faisait partie de la garde présidentielle. On vivait à cette époque sous le règne d'un président qui lui-même avait été un ancien officier et qui soignait aux petits oignons les hommes de la troupe. Il avait fait construire un complexe comprenant magasin, stade de football, salle de théâtre, salle de cinéma et qui leur était exclusivement réservé. L'adjudant était mon ami et chaque fois que Madeleine et les voisines disaient du mal de lui, je me sentais blessé. Elles prétendaient qu'il n'était pas clair, qu'il était un personnage ambigu, entretenant avec des jeunes de moins de quinze ans, filles et garçons, d'étranges rapports. Mais l'adjudant était mon ami. Le soir, je le rejoignais sur la place déserte et je lui demandais de me raconter les films qu'il avait vus aux casernes. Il ne se faisait jamais prier. Il connaissait par cœur des dialogues qu'il me récitait parce qu'il avait vu un nombre incalculable de fois le même film. « Bientôt, cette carte ne sera plus celle du monde ; elle sera celle de l'Espagne », déclamait-il en imitant la voix d'Errol Flynn. Se prenant pour Humphrey Bogart, quand il voyait passer les petites bonnes dont à la vérité il raffolait, il se levait, claquait les talons dans un garde-à-vous parfait et les saluait d'un : « Vos pieds nus se voient, comtesse. » Cette fréquentation de l'adjudant déplaisait souverainement à Madeleine. Les vacances d'été lui servirent de prétexte pour m'expédier à la Croix des Bouquets. D'autant plus que le quartier venait d'être le théâtre d'un événement qui laissa enfants aussi bien qu'adultes pantelants d'effroi.

On n'est pas sérieux quand on a quinze ans. Daniel V... et Robert L... avaient quinze ans, l'âge des grandes extravagances. Midi campait sa blancheur d'os sur l'asphalte lessivé. Ce jour-là, ils sont arrivés chacun de leur côté, même air nonchalant, même démarche dégingandée, cassée : Robert L..., petit, trapu, les yeux exorbités, les cheveux et le teint foncés, portait un éternel polo noir à demi enfoncé dans le pantalon ; Daniel V..., un grand échalas svelte, osseux même, les manches retroussées, la tête tondue à la Yul Brynner, affichait un sourire légèrement malicieux. Je compris qu'ils avaient trouvé ce parchemin vierge qu'ils cherchaient fébrilement. Il ne leur manquait que cet ingrédient. Seul le pressentiment ou le hasard voulut que je sois dans la cour. Ils devaient se livrer à ce qu'ils appelaient une « expérience » qu'ils avaient puisée dans un livre, *Le Grand Albert,* je crois. Ils ont effectué quelques simagrées en guise d'ultime préparatif. Tout cet exercice devait les doter d'un talisman, « un point » qui les aurait protégés comme un gilet pare-balles. Lequel des deux a proposé de tirer à la courte paille ? Le sort choisit Daniel qui se plaça contre le mur du fond de cour et attendit. Robert prit le revolver au manche incrusté de nacre qu'ils s'étaient procuré on ne sait comment et fit feu. Daniel, les yeux étonnés, égarés, la bouche grande ouverte, vacilla puis s'écroula face contre terre. Le *coup sec* venait de rayer son nom de la liste des vivants. Un instant l'air s'est raréfié et le soleil revêtit les mille couleurs d'un kaléidoscope.

Je connus la douleur, la première de ma vie, une douleur sèche, sans larmes. Nous allions à la même école et, depuis mon arrivée dans le quartier, ces deux-là s'étaient institués mes anges gardiens. Longtemps, j'ai refoulé l'image de ce corps étendu dans une flaque de sang. J'ai revu le même tableau dix ans plus tard quand les rebelles, Drouin et Numas, furent exécutés devant les remparts du cimetière. Le même goût m'est remonté de la gorge, la même nausée. La mort de Daniel V... ne fit pas la manchette des journaux; elle fut recouverte par une autre mort, celle de l'ex-président Dumarsais Estimé, mort en exil.

Qu'il est loin ce passé vieux aujourd'hui d'un demi-siècle et qui me travaille comme le levain travaille une pâte qui n'en finit pas de monter en mille-feuille, des milliers de mots qui montent tout naturellement. Immense et compliqué palimpseste de la mémoire! Passé comme la mer tu creuses le sable d'une vie et laisses derrière toi des coquillages brisés dans lesquels on entend encore et encore la mer. Est-ce naïveté que de penser que l'on peut refaire le monde, son odeur et sa musique, à partir de coquilles mortes?

Mon cerf-volant est plus léger que l'air
J'ai veillé à sa légèreté
Il s'adapte au vent
Et le vent s'adapte à lui
J'ai réglé ses anneaux
Sur l'axe du vent

Mon cerf-volant est plus léger que l'air
Prends garde que le vent ne faiblisse
Me dit une voix d'outre-tombe
Prends garde aux morsures du vent
De la plage des mouettes
Il se pourrait que tu t'envoles
Loin, très loin.

IX

Quand j'arrivai à la Croix-des-Bouquets, le bourg était désert. Il n'était pourtant que sept heures du soir. « Les habitants s'enferment tôt chez eux pour laisser la place libre aux fantômes », dit Madeleine avec un sourire ironique. La station d'autobus était droit devant le cimetière et je pouvais voir de la rue les herbes hautes qui commençaient à s'étirer par-dessus les tombes mangées de ronces et de pissenlits, à l'ombre de croix malingres. Ma mère, toute de blanc vêtue, marchait en avant, à pas vifs. Elle ne parlait pas, mais les soupirs qu'elle exhalait de temps en temps racontaient une histoire douloureuse, compliquée avec cette famille qu'elle s'apprêtait à retrouver. Je revois son image à contre-jour dans la lumière du crépuscule. Je la suivais sans me retourner de peur de voir derrière moi se balader une armée de squelettes. Une chouette cachée dans un flamboyant ulula à notre passage. Savait-elle qu'elle troublait le sommeil des morts ? J'étais effrayé par l'idée de la distance qui me restait à parcourir avant d'atteindre la propriété de l'oncle Maurice et des tantes. Comment serais-je accueilli dans cet univers où, une fois de plus et sans mon assentiment, la fantaisie de Madeleine m'entraînait? Je ne me souviens pas de mon arrivée chez l'oncle Maurice. Vaincu par la fatigue et l'anxiété, je m'endormis sitôt la porte de la chambre franchie. Le lendemain, je me réveillai avec les coqs de l'aube. Quelle fée bienfaisante avait, d'un seul coup de baguette magique, décidé de me faire ces mille cadeaux? Le frémissement du vent dans les cannaies, la brise qui les faisait tournoyer comme un manège, le rire clair des paysannes, le carillon de l'angélus, le chatoiement du soleil qui dispersait sur le bourg une monnaie d'or. L'arôme du cacao frais me guida jusqu'à une voix claire qui chantonnait, une chanson où il était question de chagrin d'amour, de maladie d'amour, d'agonie d'amour. Été béni à la Croix-des-Bouquets!

La poussière rêche de la craie et l'odeur douceâtre de l'encre violette s'étaient estompées comme par miracle. Instants fastes qui te retrouvent vautré dans les langueurs de la sieste et l'insouciance de l'heure des repas de plus en plus tardifs. Moments merveilleux enveloppés par les odeurs et le silence bruissant de la nuit : odeurs de jasmin de nuit, de vétiver et de camélia; cris d'insectes, aboiements de chiens. Moments sacrés où la magie coule à flots. Que n'as-tu point entendu! Les morts visitent les vivants. Les morts

137

reviennent, de jour comme de nuit, fréquenter les maisons dont ils étaient familiers. On les a rencontrés en chemin. On jure, on crache. Que la foudre me foudroie, si je mens! On assure qu'une multitude de corps lumineux sortent du cimetière, la nuit. Que cette mangue soit la dernière que je déguste! Zita Coralin a reconnu une fois parmi eux son amant décédé huit mois plus tôt, vêtu exactement comme au jour de sa mort; il était venu la chercher. Le surlendemain, elle fut foudroyée.

Comment résister à la tentation de raconter cette séance d'initiation à laquelle j'ai dû me plier. Pour faire partie de la bande de copains, il fallait traverser une épreuve qui consistait – pendant que les autres pariaient de grosses billes ou des sous sur ton courage et ta bravoure – à franchir seul, sous le coup de sept heures du soir, la barrière du cimetière et à marcher lentement à travers les caveaux jusqu'à la tombe d'un dénommé Brave Racine, général de grande vaillance, mort sous l'Occupation. On te confia tout bas, tout contre le tuyau de l'oreille, qu'il sortait de son caveau, la nuit, métamorphosé en cheval fringant et qu'il gambadait fou, jusqu'au petit jour, à travers la plaine. Ce défi que me lançaient ces péquenots, nègres d'en dehors, me paraissait infantile à moi, nègre de ville. J'ai voulu toutefois le relever. J'avais à la vérité les jambes flageolantes. Quelle ne fut ma surprise quand, parvenu à la tombe du général Brave, j'entendis une voix (jaillissait-elle vraiment des

138

profondeurs de la tombe ?) qui m'ordonna : « Rentre chez toi, petit. La nuit appartient aux morts. » Quelle a été ma première réaction ? Qu'ai-je fait ? Je n'ai retrouvé mon souffle qu'à quelques mètres du portail. Une fois calmé, je me suis présenté devant mes nouveaux copains. Sans pinailler, ils m'admirent dans le cercle étroit et magique de leur amitié.

Vastes étés à la Croix-des-Bouquets ! Tout fut protection et chaleur. Une ribambelle de grand-tantes, des sœurs de ma grand-mère, leurs filles, nièces, cousines, filleules de ma grand-mère, vestales vieillies au fourneau, m'accueillaient et me choyaient. Univers exclusivement femelle, de femmes qui avaient perdu le décompte du temps. Elles n'avaient jamais franchi le portail du bourg ; elles n'avaient jamais entendu la rumeur de la mer, ni la clameur des mouettes, ni les sirènes assourdissantes des ambulances ; elles n'avaient jamais vu de parades militaires ni les futiles exercices de pompiers. Elles ne connaissaient que la terre et le ciel à perte de vue, le bruissement du vent dans les cannaies la nuit, l'odeur phosphorescente du cimetière, et l'aube et le couchant, et l'eau qui clapotait doucement dans le canal. Arriverai-je aujourd'hui à les nommer toutes ? Il y avait Augusta, une sainte de l'abîme, elle passait son temps à allumer des veilleuses aux âmes du purgatoire et affirmait n'avoir jamais adressé la parole à un homme, sauf à Dieu. Il y avait Joséphine, femme séduite une seule fois et abandonnée ; seuls souvenirs de cette seule fois, deux filles marassas, des jumelles, qui n'ont aperçu leur père qu'une seule fois, un jour de grand vent sur la place du marché : il marchandait un cheptel vif, du bétail sur pieds. Il y avait Ophélie qui avait mis au monde onze filles dont trois seulement s'étaient mariées ; les autres avaient coiffé Sainte-Catherine et vivaient avec elle. Une cour de femmes où ne demeurait qu'un homme, l'oncle Maurice. Fils de leur unique frère mort, alors qu'il était encore assez jeune, d'une affection pulmonaire, il fut élevé avec complaisance et faiblesse. À quatorze ans, il fut victime d'un accident de chasse qui le priva du bras gauche et lui épargna le souci de se choisir une profession. Capricieux et insouciant, élevé dans des conditions d'aise et de bien-être, il n'eut cure de fonder sa propre famille. Quand ses amis voulaient le taquiner, ils prétendaient qu'il tenait un harem – non pas à l'image des harems d'Orient, égayés d'eunuques et de nuits orgiaques – mais, une cour de vielles tantes, sœurs, cousines dont il était le chouchou. Chacune des grand-tantes avait sa propre maison avec des lattes de bois franc au parquet, des armoires en acajou, des commodes à dessus de marbre blanc, des miroirs au cadre doré et des horloges grand-père dont les cadrans placés très haut laissaient à peine distinguer les chiffres romains. Sauf la grand-tante Augusta qui, elle, vivait confinée dans une case ténébreuse décorée d'images saintes, de crucifix et de fleurs bleues de jacaranda séchées. Devenue aveugle et à moitié sourde, elle perdit assez de rai-

140

son, sous son châle de Manille, pour dialoguer ouvertement avec Dieu, le considérer comme une personne, rire, chanter, jouer avec lui sans cette crainte de l'offenser qu'il inspire souvent.

Comment exprimer la fascination qu'exercèrent sur le gamin les longues robes brodées et rehaussées de dentelles de ces dames aux chapeaux ornés de rubans? J'hésite à prononcer le mot beauté (mot trop galvaudé) pour qualifier ces femmes semblables et non identiques, encore plus scandaleusement belles d'être semblables, évoluant dans un monde de citronnelle et de vétiver, un monde de parfums, un monde où le temps était aboli, un monde hors du temps, un monde de l'au-delà de la vie. Elles se parlaient à mi-mot; il leur suffisait d'un coup d'œil, d'un regard, pour se comprendre. Parmi cet essaim de femmes qui étaient à la fois nourrices, tantes, servantes, marraines, j'étais le seul jeune, le seul jeune mâle du clan, livré à ces Parques généreuses. Elles m'ont nourri de leur longue mémoire de veuves, de vieilles filles, de célibataires endurcies. Il m'arrive aujourd'hui de penser que, dans ce théâtre minuscule, dans cette cour vouée à l'ordre féminin, j'ai connu les moments les plus significatifs de ma vie, comme s'ils contenaient tous les autres moments de ma vie. Une des tantes passait son temps à coiffer les quelques cheveux qui lui restaient; elle ne voulait pas que son entourage se rende compte qu'elle devenait chaque jour plus chauve; une autre n'arrêtait pas de contempler d'anciennes photos du temps jadis. Elles montraient une jeune femme aux lèvres épaisses et pulpeuses, aux grands yeux noirs étirés en amande, aux cheveux abondants et crépus qui donnaient l'impression qu'aucune coiffure ne parviendrait à les discipliner. Sur un des clichés, elle les retenait d'un geste emprunté et provocant. Elle n'avait jamais pu résoudre l'énigme de sa vie : par quelles vicissitudes du hasard, aucun homme, pas un seul, même pas le dernier des couillons n'avait jamais sollicité la main d'une femme comme elle, d'une si belle femme ? Chez les moins âgées, il y avait une espèce d'euphorie qui meublait la nudité de leur existence comme si tout en pistant encore l'amour, elles arrivaient, par toute sorte d'artifice, à en masquer la nécessité. Le dimanche après la messe, en traversant la place du marché, poudrées, enfarinées comme poissons prêts à la friture, elles s'ajustaient, se serraient la taille, se contorsionnaient, minaudaient. Le fleuve du temps passait sur ces femmes, les vieillissait : elles tombaient malades, un jour; un soir, elles mouraient.

Lorsqu'on me demande : « Vous êtes de quelle région d'Haïti ? », je réponds invariablement que je suis un Port-au-Princien obstiné mais que j'ai des racines à Jérémie par mon père et dans la plaine du Cul-de-Sac par ma mère native de la Croix-des-Bouquets. Je suis donc fils de migrants et, en ce sens, ma migration ne date point d'hier. Mes veines sont irriguées des globules rouges de l'errance. Et j'ajoute la plupart du temps : par-dessus le marché, ma mère avait les pieds poudrés de la poussière des chemins. Je n'ai jamais vu la ville de Jérémie. Je ne connais cette ville que par ouï-dire. Croix-des-Bouquets en revanche, même si je n'y suis allé que fort tard dans mon enfance, vers dix ans, pour les vacances d'été, je la connais comme le fond de ma poche. Comment oublier ces longues heures à gambader dans la rivière, là où elle surgit d'une grande gorge, se déploie et coule en majesté? Courir pieds nus sur les galets, dévaler les plages de galets, glisser sur les galets, tomber à la renverse dans l'eau. Quand le soleil haut dans le ciel exempt d'ombres contemple la douceur de l'après-midi, il faut s'arrêter pour écouter le bruit du silence : les premiers bataillons de cigales, les meuglements des vaches assoiffées, les cris des oiseaux. Vers quatre heures de l'après-midi, le soleil tout à coup perd son caractère pérenne et le bleu au repos est traversé de nuages qui, sans hâte, essaient des métamorphoses, puis renonçant à créer des formes ingénieuses s'effilochent en lambeaux. Les avions piquent du nez vers l'aéroport Maïs Gâté. C'est l'heure où les couleurs prennent un éclat particulier. À la Croix-des-Bouquets, le crépuscule a la couleur d'une aurore; la fin du jour n'est jamais triste, elle contient la promesse du recommencement.

Souvent, alors que les tantes pensaient que je dormais dans la chambre aux rideaux de dentelle, il m'arrivait d'errer dans les ruelles tortueuses du village : le vent frais portait vers moi le parfum chargé des fleurs d'acacia mêlé à l'odeur de la bagasse, à l'humus qui venait d'être trempé après une saison de soif, au maïs encore au lait et aux vapeurs qu'exhalaient les citronniers. En passant devant les maisons aux jalousies mi-closes, je surprenais des murmures de voix rapides, légers, mystérieux comme la brise dans les feuilles des arbres. Croix-des-Bouquets dormait bercée par le clapotis de l'eau dans le canal. De temps en temps, au loin, dans la nuit, un dialogue de chiens, ou une rivalité de coqs anticipant l'aube rompent le silence. Vastes étés à la Croix-des-Bouquets! Comment oublier la place du Marché et ses femmes fleuries, femmes végétales, tumultueuses ou endormies, jambes écartées près de leur grand cabas en paille tressée? Et la fête de Sainte-Rose, en août, un champ de foire, avec des baraques, des bandes qui sentent le clairin et de la musique à cœur de nuit. Le dimanche après la messe, sous l'œil marmoréen de madame Arthémise Pierre-Lys, le banquet s'organise : pâtés à la viande et gâteaux à la noix de coco, boudin grillé et quartier de bœuf salé ; des grillades de toutes sortes : porc, cabris, dindons, poulets, pigeons, sans parler des racines et des vivres. Quelle fête! Mais, quelle fête! Pèlerins et fêtards affluent des quatre coins. Voitures, camions, chevaux, bourriques, piétons se disputent la chaussée. Les tables d'absinthe et d'autres alcools trempés sont prises d'assaut. Madame Arthémise Pierre-Lys veillait à tout. Alors que je passais à côté d'elle, elle me retint par la manche et m'apostropha singulièrement : « Donne-moi des nouvelles de ta mère ? Est-elle encore aussi folle ? »

En repensant à cet épisode de mes vacances, me revient à la mémoire une histoire ancienne. L'ai-je lue dans ce livre jauni par le temps, héritage de la bibliothèque de mon père, intitulé *Choses haïtiennes* ? Ou bien ma mère qui avait une véritable vénération pour l'Histoire me l'a-t-elle contée ? Pourtant ma mère n'était pas une conteuse. Le roi Henri Christophe s'était levé un matin de mauvaise humeur et préoccupé. Il manda à son petit déjeuner un de ses favoris, un dénommé Roumage. Dès qu'il eut passé la porte, le roi l'apostropha : « J'ai fait un rêve étrange », lui dit-il. Et il se mit à lui raconter un sordide complot de palais dont il avait été victime en songe et conclut au bout : « Bref, j'ai rêvé que vous me trahissiez. » Roumage savait quelle importance le roi accordait aux songes. Je vois le désarroi du favori, je le vois tremblotant, dérouté, désarmé devant la bêtise d'un être qui pourtant gouvernait la destinée de milliers d'autres. « Moi, Sire ! bégaie-t-il, vous trahir ! Je préférerais mourir ! » Henri Christophe eut un sourire narquois. « J'en suis persuadé. Aussi, pour que vous échappiez à la fatalité de trahir votre roi, j'ai déjà donné l'ordre de vous exécuter. »

Je découvrais soudain l'explication des comportements de ma mère. Je savais déjà que Madeleine était spéciale. Elle ne faisait pas dans la dentelle. Quand, à Martissant, je commençai à avoir quelques amis, elle ne leur permit jamais de passer le seuil de sa porte. « Ceux-là, on leur donne le salon et ils prennent la chambre à coucher. » Je l'ai vue entrer un jour en coup de vent suivie d'un brocanteur. Elle vendit tous les meubles, prétextant que, n'ayant plus de meubles, je ne recevrais plus de visite. C'était sa manière à elle de m'inculquer, disait-elle, certains principes. Il lui arrivait de s'enfermer, stores et jalousies clos, et de dialoguer avec des ombres. Puis, un beau jour, sans que rien ne le laissât présager, elle ouvrait portes et fenêtres, reprenait son rythme de vie.

Les paroles de madame Pierre-Lys furent pour moi riches de conséquences. À force de me mêler aux conversations des grandes personnes, j'ai fini par me faire une idée de la folie de ma mère. À force de creuser, j'ai fini par en dégager une impression de plus en plus nette, de plus en plus claire. J'ai pu pénétrer ce que fut le mystère de cette vie hantée de démons qui ne l'avaient jamais lâchée ni à l'état de veille ni dans son sommeil. Elle disait que la société est un nœud de vipères et, où que tu mettes la main, tu te fais mordre. Quel abîme terrifiant, cette coupure entre le monde et elle ! Je me dis aujourd'hui qu'il est des plaies qui, pareilles à la lèpre, rongent l'âme, lentement. Jusqu'à présent, je ne m'en étais ouvert à personne.

Fragments de lumière
Trace de l'éphémère
Cela fait longtemps
Que j'ai décidé de rejoindre
Mouettes et pélicans
Dans l'évidence du ciel
Je m'égare dites-vous ?
Laissez-moi à mes égarements
Ne voyez-vous pas que je suis en fuite ?
L'Histoire, inlassablement à mes trousses.

X

Au retour des vacances, ma mère m'annonça
que nous allions désormais vivre avec ma grand-
mère. Cette nouvelle m'enchanta. Je vous l'ai déjà
dit, j'adorais ma grand-mère. Située à l'angle de la
rue des Miracles et de la rue Montalais, la maison
de Grand'Nancy était assez exiguë. Elle avait
cependant l'avantage d'avoir un minuscule jardin
que prolongeait en arrière un terrain vague où se
livraient d'épiques parties de foot à se péter les
tibias. Du plus loin que je remonte le courant de
mes souvenirs, Grand'Nancy a toujours habité à
l'angle de la rue des Miracles et de la rue Montalais. La maison avait un toit pentu couvert de tôle
ondulée. Les pluies abondantes de septembre
lavaient à grande eau le perron ainsi que la galerie,
même si cela dérangeait la chienne toujours affalée
en travers de la porte. Construite entre cour et jardin, pour y accéder, il fallait longer une allée bordée de part et d'autre d'azalées et de camélias. Dans
le minuscule jardin, ma grand-mère avait planté

des gardénias mais aussi des lauriers roses, des pétunias, du jasmin et des hibiscus appelés *chou blacs* dans nos contrées, plante recherchée dont le jus extrait des fleurs avait la propriété de redonner leur luisant au cuir noir. Elle avait aussi piqué un bougainvillier qui, disait-elle, grimperait sur les fils de fer de la clôture et ferait une belle treille nous séparant du terrain vague. Allez savoir pourquoi, le bougainvillier désespérait la botanique : il refusait de grandir avec convenance. Un couloir partait de la porte de la cuisine et aboutissait au salon séparant ainsi les deux chambres. Meublée modestement, mis à part un guéridon, vestige d'anciennes splendeurs, la maison dégageait une quiétude lénifiante comme si on vivait en permanence un rêve de campagne transposé dans le tuf urbain. L'après-midi, ma grand-mère sortait une chaise sur la galerie, et passait des heures à repriser des vieux vêtements, à bavarder avec les commères du voisinage, judas mal parlants, expertes dans l'art de se mêler des affaires des chrétiens vivants. Fiançailles, mariages, querelles, ruptures atterrissaient sur la galerie, et ma grand-mère, tout en feignant de couper court aux racontars, se tenait minutieusement informée. Je l'ai trouvée assise sur cette même galerie quand, des années plus tard, au moment de quitter Port-au-Prince, j'ai été lui dire adieu. Grand'Nancy était à cette époque nonagénaire et vivait encore seule avec sa chienne, vaquant gaillardement à ses occupations. Elle m'a regardé de ses yeux couleur de tamarin, le regard intense de l'adieu, et m'a dit : « Alors, je ne te reverrai plus. C'est la dernière fois. » Il y avait une douleur contenue dans cette remarque et une tristesse inconnue dans ses yeux, comme si elle voyait partir, disparaître de son horizon, la dernière personne à laquelle elle tenait. Ne dit-on pas que l'adieu est une expérience propre à l'amour ? On peut regarder pour la dernière fois et survivre à ce dernier regard. Tout cela, aujourd'hui encore, persiste en moi. Trace dérisoire mais coriace sous les dents de l'oubli.

Sur le mur central de la chambre de ma grand-mère était accrochée une photo sous verre de tante Aricie. Toute mon enfance a été hantée par l'image de cette tante absente. J'ai cru comprendre qu'elle était la fille préférée de ma grand-mère ; Grand'Nancy parlait d'elle souvent, louangeait son intelligence, sa beauté. Madeleine, elle, la considérait comme l'artisane des malheurs qui se sont abattus sur sa vie. L'on pouvait deviner qu'il s'était passé entre ma mère et ma tante une chose qu'elles ne se sont jamais pardonnée et, qu'entre les deux sœurs, il y avait le poids des mots, la blessure des mots, la mémoire des mots. Il y a des mots qui sont comme des couteaux ; quand ils sont lancés comme du vitriol, en plein visage, ils pénètrent, fouillent profondément la chair et y plantent une rancune qui colle à la peau jusqu'à la tombe, marque pour l'éternité.

Je n'ai jamais vu tante Aricie à la maison. Ma mère et ma grand-mère référaient cependant à elle

150

pour un cric, pour un crac. J'ai donc appris très tôt que les absents ne sont pas vraiment absents. Ils prolongent longtemps leur souvenance dans la tête de ceux qui restent, épuisent leur corps qui ne peut consentir aucune tentative d'oubli. Que s'était-il passé entre les deux sœurs ? Je ne cessais de questionner ma mère et ma grand-mère sur cette absence. Les réponses changeaient d'une fois à l'autre. Elles prenaient prétexte de mon âge pour arguer que je ne comprendrais pas. À partir de leurs explications incomplètes, tronquées, parfois contradictoires, j'ai cru comprendre que mon grand-père Léo Souffrant avait laissé, à sa mort, un héritage assez important : plus d'une centaine d'hectares de terre dans la plaine du Cul-de-Sac, une ancienne plantation coloniale dénommée La Morinière, dont probablement j'aurais pu retracer l'histoire si les Archives nationales n'avaient été, au lendemain des grandes liesses de février, réduites en cendres.

Parmi tant de regrets qui accompagnent ma vie, il en est un de lancinant : je suis venu trop tard et n'ai pas connu mon grand-père Léo Souffrant. J'aurais aimé savoir pourquoi, revenu de Paris, il s'est enfoncé dans la plaine du Cul-de-Sac, désertant les salons que fréquentaient les princes décrépits et vaniteux de Port-au-Prince et de Pétionville. Quelle amère déception était-il allé enterrer au fond de ses champs de canne ? Pourquoi s'est-il réfugié dans les profondeurs de ses terres ? Pourquoi ce vif désir de réclusion ? De quelle lame tranchante a-t-il été blessé pour que, jusqu'à son dernier souffle, il s'entourât d'un abri de feuillage et se soit tapi sous un dais de branches? Je n'ai pas connu mon grand-père. Sur la seule photo que possédait ma mère, il ressemblait à ces aristocrates de fin de siècle : une grosse moustache, un faux col rigide, un plastron amidonné et un nœud papillon en guidon de bicyclette. J'avais quelque peine à imaginer ma grand-mère amoureuse passionnée d'un tel homme. À la réflexion, pourquoi pas?

À la mort de Léo, l'héritage fut divisé en deux parts égales et, comme ma mère était mineure, sa mère et sa sœur de dix ans son aînée devaient lui servir de tutrices. Au dire de Grand'Nancy, Aricie, soutenue par des amis de son père, gérait de façon avisée et avec efficacité l'héritage, dans l'intérêt de tout le monde. Elle faisait le compte et le décompte des redevances sur la canne à sucre, présentait les factures à la HASCO, surveillait les récoltes de bananes et autres denrées alimentaires que des paysans, des deux moités, plantaient. Ma mère ne cessait de réclamer à grand fracas son émancipation. Elle constitua un avocat qui n'était nul autre qu'Oswald Ollivier, mon père. Aricie, un beau jour, en eut marre, a liquidé sa part d'héritage, pris ses cliques et ses claques et s'en est allée. Elle avait choisi de battre ses ailes comme un ramier sauvage. Ce ne fut ni par dépit ni par défi, moins encore par effroi ou par fatigue, me confiat-elle de nombreuses années plus tard, mais pour s'offrir le délicieux plaisir de « gouverner l'agenda de son existence » comme elle l'entendait. Elle avait alors trente-trois ans et l'idée, depuis long-temps arrêtée, que le célibat était la pièce maîtresse de son jeu. Elle partit pour l'étranger : la Jamaïque d'abord, le Canada ensuite et Paris enfin.

Tante Aricie nonagénaire s'éteint doucement dans son foyer d'accueil. Je lui rends visite à cha-cun de mes voyages en France. La première fois que je l'ai rencontrée, je me suis trouvé devant une femme assez jeune encore, aux cheveux striés de blanc, très grande, coiffée et vêtue avec simplicité. Il se dégageait de toute sa personne une telle force, une telle volonté que je ne pus m'empêcher de la comparer à ma mère. Le contraste était frappant, tant du point de vue physique que mental. Nous en vînmes tout naturellement à parler du passé, de son passé. Nantie de ce viatique, étrange à l'épo-que, que représentait son célibat, elle s'était évadée de la prison que l'île constituait à ses yeux, avait déserté comme un soldat fatigué de mener une guerre absurde. Avait-elle laissé derrière elle des lambeaux d'elle-même ? Sa jeunesse, des illusions, des êtres qui lui étaient chers ? Tante Aricie ne s'était jamais mariée. Je lui en ai demandé la rai-son ; elle s'est écriée : « Tu ne trouves pas que la liberté est un bien trop précieux pour être aliéné ? C'est cher payé pour la satisfaction de l'instinct. » Elle n'a jamais cru en « cette forme d'illusionnisme social » qu'est le mariage et que beaucoup de naïfs présentent comme un paradis de volupté alors que ce huis clos, ce face-à-face lugubre, dont le point d'aboutissement, comme une mécanique aveugle, est toujours le même : disputes, trahisons, séparations, l'enfer quoi. Pour elle, le mariage n'a jamais représenté un idéal. « Non merci ! » Puis, elle laissa tomber, le regard contemplant le vide : « D'ailleurs, qui aurait pu me dompter ? J'ai toujours été une femme taureau. »

Je me suis donc retrouvé coincé entre ma mère et ma grand-mère. Pas vraiment, puisque, ma mère, je ne la voyais que rarement. Elle partait le matin tôt, avant même que je ne sois réveillé, et, quand elle revenait, j'étais déjà couché. Elle m'oubliait ainsi pendant des jours et des jours. Je restais avec ma grand-mère qui me gâtait, me cajolait, me promettait un avenir radieux, avec en prime les rires, les jeux, et je m'endormais chaque soir sous les ailes de sa tendresse. Grand'Nancy ressassait éternellement les événements politiques qui avaient bouleversé sa jeunesse : la mort de Tiressias Simon Sam, le débarquement des Américains, le massacre des paysans à Marchaterre, la révolte des Cacos et des Piquets, la crucifixion de Charlemagne Péralte. Inlassable Pénélope, elle démaillait et remaillait ce tricot de points perlés, défaisait cette tapisserie au point de croix, reprisant ici un antique accroc, réutilisant là un fil ancien sans trop savoir quelle nouvelle pièce elle confectionnerait. J'écoutais ces récits.

J'étais à la fois plein de certitudes et de doutes

inextricables. Par quel miracle mon intelligence enfantine parvint-elle à conclure déjà que j'étais aveugle d'avenir. Je vivais dans un univers dont je ne connaissais pas le code secret. Qu'est-ce qui rythmait la richesse des saisons, présidait à la décision unanime de l'assemblée des feuilles de tomber sous la caresse des vents de novembre, motivait les mouettes caquetant à tue-tête leur affliction de vider le ciel de leur présence? J'ignorais à ce moment-là que voir de trop près et sans cesse équivaut à cesser de voir. J'avais devant moi le réel et je supputais ce qui serait ou ne serait pas, et je m'épuisais à faire le tour du champ trop mouvant des possibles.

Ma grand-mère, je la revois avec un recul d'un demi-siècle. Je vois ses cheveux gris, ses grands yeux couleur de cerise-mombin entourés de fines ridules, ses lèvres pulpeuses, ses vêtements sobres, modestes même et qui défiaient les modes régnantes. D'une beauté sans forfanterie, elle griffait la vie avec un zeste de nonchalance. Elle longeait la rive de ses jours, se mirait dans l'eau des saisons et se tenait à l'extrémité de la plage encore luisante de sa jeunesse qui se retirait. Elle avait plus de soixante ans et ne faisait rien pour les camoufler. Elle ne connaissait pas ou n'utilisait pas ces artifices qu'emploient celles qui livrent un perpétuel et incessant combat aux outrages du temps. Franche, intelligente, elle faisait montre d'une vivacité d'esprit qui s'alliait parfaitement avec son port de tête altier et la grâce de ses mouvements.

Grand'Nancy, une grande dame, la distinction même. Elle avait une façon de garder silence ou de traîner sur chaque mot comme si, en les soufflant plutôt qu'en les prononçant, elle les chargerait de sens. Ses yeux pétillants trahissaient une sensualité paysanne et un attachement presque coupable à la vie. Et pourtant, à l'époque, je la considérais comme une vieille. Je vivais dans un pays où l'on anticipe la vieillesse des femmes.

À force de vivre tout près d'elle, je finissais par m'ennuyer. Une fois que je m'étais plaint de ne pas avoir de compagnons de jeu, elle m'avait gourmandé : « Arrête de te morfondre ! Invente, invente le monde ! Réinvente la réalité ! Lis, tu te sentiras bien moins seul. »

Ma grand-mère était-elle analphabète ou presque ? Je ne l'ai jamais su. C'est grâce à elle que j'ai pris contact avec les livres, avec l'objet livre. Les livres dans ma vie ont précédé le goût de la lecture. Elle avait conservé quelques bouquins qui ont appatenu à mon grand-père, très peu, des numéros d'*Historia* et de *La Revue des Deux Mondes*. Le livre se présenta donc d'abord comme un palliatif à ma solitude. Très vite, j'y ai découvert une voie étroite de salut. Je me souviens du jour où Madeleine est arrivée et m'a annoncé que désormais, chaque semaine, j'aurais de l'argent, une dizaine de gourdes, pour m'acheter des livres, et j'avais la permission d'aller seul à la librairie. Et j'effectuai une plongée miraculeuse dans l'inconnu. Les lézards géants mangeurs d'hommes, la forêt écarlate rougie de mille cavaliers, le chien aux yeux grands comme des roues de moulin entrèrent dans ma vie. Et je me suis inventé en réinventant le monde. Un jour, je ferai le tour de mes métamorphoses. Je fus un guilleret soldat allant son chemin à pas cadencé. Une, deux! Une, deux! Havresac sur le dos, sabre au côté, je m'en revenais de guerre et regagnais mes foyers. Un jour, je dessinerai l'atlas des pays imaginaires où j'allais chasser la baleine, une mer si froide qu'on la nommait la mer des Frissons. Je chevauchais toute la sainte journée des chevaux tout blancs, purs et lumineux chevaux du songe. J'effectuai une grande virée chez les Amazones. Un jour, je vous confierai le secret de mes stratagèmes : comment j'ai évité adroitement les sables mouvants du désert des Tartares, exhumé l'Atlantide ou volé le feu au sommet d'une montagne inaccessible à tous les mortels.

Les livres étaient arrivés. Et avec eux l'admiration des auteurs. Il m'est impossible de les citer tous; la liste serait trop longue et je risquerais d'en oublier, et d'importants. Et puis, on est fait de tellement de livres. Nos gènes intellectuels sous l'influence de leur semence ont muté tant de fois. Ce qui me fascinait chez les auteurs que je lisais, c'était leur foi en l'Homme. Très tôt dans ma vie, subrepticement, ils m'ont inoculé un amour physique de la nature. Très tôt, j'ai appris que le combat pour la justice et la liberté est un impératif que, même vaincu, il faut encore et encore recommencer. Cette volonté de vaincre avait pour moi un nom : Robert Bruce. J'en avais fait la connaissance dans un *Morceaux de textes choisis*. Bruce venait de connaître successivement des défaites cuisantes. Étendu, le plafond dans les yeux, il vit une araignée s'obstiner à refiler sa toile, recommencer toutes les fois qu'elle échouait ; la énième, elle réussit. J'avais fait de sa devise la mienne. Poursuis inlassablement ton obscur travail de vie. Reprends pour la millionième fois la maille du filet qui se casse.

J'étais frappé d'une boulimie de lectures. Les copains de classe et moi échangions nos livres, surtout des romans. À l'époque naissaient le livre de poche et la « Série noire » chez Gallimard. Nous nous sommes plongés à cœur perdu dans les romans. Ils représentaient pour nous la vie, une sorte de répétition à blanc de la vie à venir, une pratique antidatée de l'imaginaire et de l'avenir. Les romans nous proposaient des jeux de rôles, où nous mettions à l'épreuve, sans risque, sans danger, nos ressources. *Borgia* de Michel Zévaco ou *Les trois mousquetaires* d'Alexandre Dumas me dépaysaient, me transportaient puisque les histoires qu'ils relataient se passaient à une autre époque, dans un autre temps, avec d'autres coutumes et dans une géographie totalement différente de la mienne. Je les vivais, je les absorbais avec passion, me livrant ainsi à une sorte de gymnastique mentale qui me détachait d'une manière absolue, le temps que durait ma lecture, de mon environnement immédiat... J'avais en moi la faculté de m'affranchir des lois tyranniques du temps et de l'espace habituel pour me perdre, m'enfoncer corps et âme dans une autre galaxie. Là, on avait brûlé des sorcières; là, les femmes infidèles avaient été marquées d'un fer écarlate; là, des gens de mer et des marchands avaient édifié de fabuleuses fortunes. Les histoires d'amour qui me plaisaient recelaient leur part de mystères, d'enlèvement, de scélératesse, de duels, de morts horribles et de fin heureuse. Puis vint l'époque de l'exploration de *L'espace du dedans* à laquelle les poètes nous initient. Je devais avoir une douzaine d'années lorsque j'ai lu un extrait de l'*Histoire des Girondins* de Lamartine. Pour moi, il n'était que le poète du *Ô temps, suspends ton vol...* Ce texte parlait de décapitation, d'une tête qu'on mettait du temps à couper. J'ai lu ce passage et, quand j'ai bien compris de quoi il s'agissait, je me suis évanoui.

J'ai compris alors que les livres ne viennent pas seuls, nus et bruts, s'aligner sur des étagères. Ils sont escortés de voix ténues, de rumeurs, de bruit, de jugements imperceptibles qui les relient autrement que les fils et la colle. Ils sont tissés de lumières et d'émotions, chargés de combats secrets ou de joies sans motif. Faits d'espoir ou d'appréhension, de désir ou de devoir, un mince et discret halo les entoure. Je comparais leur lente maturation à la croissance végétale : il ne sert à rien de tirer sur la plante pour qu'elle pousse plus vite. Il ne convient pas non plus de l'abandonner aux mauvaises herbes. Sarcler suffit. La tâche est modeste, il est vrai, mais il suffit vraiment de se contenter d'aérer la terre alentour. Les livres m'aéraient et me fascinaient. J'ai compris très tôt que les mots, gonflés de sève, marchent au-dessus de l'humanité. J'avais au fond découvert que les mots avaient une mission : ils devaient nous apprendre à vivre. Alors, je les pistai, je les traquai, et, sur ce chemin, j'entendis le bruissement des pas d'immenses tribus qui m'avaient précédé et je me réjouissais, en secret, d'avoir cette foule innombrable d'amis. Je savais que je poursuivrais ma conversation avec eux et que je disposais pour le faire de l'infini de l'espace et de l'infini du temps.

XI

S'il est un héritage que j'ai recueilli de ma mère, ce sont les pieds poudrés. Aujourd'hui encore, alors que je marche vers la soixantaine, il me vient de ces envies de prendre la route, de m'en aller au hasard de mes pas. Cette démangeaison a commencé très tôt. Tout était prétexte à fuite, errance, vagabondage. J'économisais mes sous, me privais de sucreries, louais une bicyclette et m'échappais. Quand je n'avais pas d'argent, je prenais d'assaut le train de la HASCO et je m'évadais loin de la ville. Une fois, avec quelques copains, on fit le projet d'aller à Jacmel. Aux alentours de cette ville située à quelques dizaines de kilomètres de Port-au-Prince, il y a une plage célèbre, mythique, Raymond-les-Bains. Quel fut le prétexte que nous avions trouvé et qui nous permit d'être absents toute la journée du samedi? Je ne me souviens plus, mais il devait être en béton. Nous avions décidé de partir tôt dans la matinée, d'être de retour vers quatre heures de l'après-midi. On planifia avec le plus grand soin le voyage. Mais un détail trahit toujours le criminel lors même qu'il planifie le crime à la perfection : aucun d'entre nous n'avait pensé consulter la météo. L'aller se fit sans incident. La camionnette s'arrêta quelques minutes à Jacmel, le temps de débarquer quelques passagers. Perchée à flanc de coteau, la ville domine la mer, avec ses rues qui serpentent, on dirait des ruelles, et ses grandes maisons en bois sculpté. C'est tout ce que j'eus le temps de voir de Jacmel et on prit le chemin de Raymond-les-Bains. Une féerie : des kilomètres de sable blanc, fin ; des vagues bleues, du soleil à profusion. Nous jouions à nous laisser porter par les déferlantes comme des épaves flottantes, à nous laisser rejeter comme des naufragés, entraînés vers l'arrière par le ressac puis vomis plus loin par une vague plus puissante quand, tout d'un coup, le temps s'assombrit. Un troupeau de nuages noirs avança vers nous, recouvrant sur son passage tout le bleu du ciel. Des flèches drues nous transperçaient ; un vrai déluge. Habitués à ces pluies torrentielles qui s'arrêtaient aussi soudainement que si on fermait un robinet, nous courûmes nous abriter sous les arbres. Mais, au lieu de se calmer, la pluie redoubla et des vagues, de plus en plus hautes, déferlaient sur la plage. Le vent s'était levé et les paysans qui nous avaient recueillis à la brume du soir nous ont informés que les rivières étaient en crue et les routes bloquées. Je n'osais supputer l'accueil que j'allais recevoir en rentrant à la maison deux jours plus tard. À l'encontre de mes craintes, ma grand-mère m'embrassa avec effusion, veilla à ce que je mette des vêtements propres et chauds. Je ne trouvai pas ma mère au retour de cette fugue à Jacmel. Elle rentra une heure plus tard. J'étais déjà au lit. Sans un mot, sans me demander des comptes, le visage terne, un vrai masque mortuaire, elle ôta sa robe et la rangea sur le dossier d'une chaise placée en permanence au pied du lit. Elle s'arrêta un instant. Une longue pause de silence, puis elle se déchaussa, debout, sans se servir de ses mains, simplement en frottant le soulier du pied droit contre sa cheville gauche et ensuite le soulier gauche contre sa cheville droite. J'entendis le bruit des chaussures qui tombaient, l'une puis l'autre, un bruit sec. J'ai attendu en tremblant les mots, la colère, le châtiment. Rien. Elle s'allongea sur le lit puis, vivement, elle se redressa, resta assise, recroquevillée, les genoux à la hauteur du menton. Elle pressa sur sa bouche les pans du drap. Je sentis, en voyant son visage plus terne qu'avant, les cernes sous ses yeux tournant au marron violet, je sentis qu'elle essayait de réprimer un haut-le-cœur qui la suffoquait, lui emplissait la joue. Ma mère, vous l'avez deviné, était imprévisible.

Un demi-siècle après, je suis retourné à Jacmel. J'en avais gardé une image de carte postale : la plage, les flots bleus, des kilomètres de sable fin et blanc, les maisons à chambre haute, les devantures de magasins où l'on pouvait déchiffrer une inscription à peine lisible « Négociants de Bordeaux,

1768 ». Entre-temps, j'avais lu des romans écrits par de célèbres Jacméliens qui portent un furieux amour à leur ville et à leur région : Félix Morisseau Leroy, René Depestre, Jean Metellus... Il m'a été difficile de concilier les images de cartes postales, les riches descriptions des écrivains, le vert paradis de l'enfance, les *femmes-jardins* avec la région de Jacmel que j'ai retrouvée : la crique de Civadier sentait le poisson pourri, le climat me parut insupportable, trop chaud, trop sec, trop venteux, une soif inextinguible de pluie. Pourtant, face à ce village qui joue à la ville, ce village à moitié mort, au bout d'un chemin, cahoteux, sans autre issue que la mer, face à cette vallée enclavée entre montagne et mer, vivant dans un temps indécis, indéfinissable, j'ai ressenti un choc. Était-ce le passé des hommes, celui des maisons, des lieux, l'air tremblant sous les rayons du soleil, les couleurs et les fleurs alanguies sous l'effet de la chaleur ? Jacmel est violemment beau.

Le lundi qui suivit mon équipée, j'étais en train de ranger mon sac d'école quand un singulier frisson s'est emparé de moi. Ma mère et ma grand-mère me regardèrent perplexes. J'avais de la fièvre, le mercure du thermomètre était catégorique ; il marquait quarante degrés. Inquiète, affolée, ma mère me conduisit à l'urgence de l'Hôpital général. Elle connaissait le docteur M..., il me prit en charge. C'était un petit homme à sourcils en broussaille, incroyablement chauve, portant de

164

grosses lunettes à monture d'écaille sous un front en biseau. Un cou de taureau, que prolongeait une toise d'athlète à l'étroit sous sa blouse blanche, lui donnait l'air d'un bouledogue. Il me coucha sur une civière, et comme il était de petite taille, il grimpa sur un escabeau, souleva les basques de sa blouse, s'assit sur le bord du lit. Puis, sur mon torse découvert, le docteur M... pressa la nudité glaciale de son stéthoscope. « Méchant, laissa-t-il tomber laconiquement. Méchant! » Le stéthoscope parcourut ma poitrine et mon dos. Il me demanda de tousser, de tirer la langue pendant que ses doigts gourds tapaient, s'enfonçaient sur telle ou telle parcelle de peau, puis clopinait ailleurs. « Méchant, marmonnait-il à tout coup. Méchant! » Je n'arrêtais pas de frissonner. Le docteur donna l'ordre à l'infirmière de me frictionner à l'alcool. Elle m'enveloppa ensuite dans une sorte de camisole de force et m'expliqua que ce traitement avait la vertu de faire baisser la fièvre. Couché sur ma civière, j'assistai à une scène digne de Frankenstein. Le docteur B..., une sommité locale, entouré d'internes, faisait sa tournée. À côté de moi, sur une autre civière, était allongé un homme. J'entendis un dialogue qui me laissa atterré. « Prenez son pouls », lança-t-il en direction d'un des résidents. Celui-ci s'exécuta : « cent vingt-cinq à la minute », fit-il. Le docteur B... remua la tête de droite à gauche. « La pression artérielle? » Le résident prit son stéthoscope et exécuta une deuxième manœuvre : « deux cent soixante sur cent quatre-vingts ». Le docteur hocha de nouveau la tête : « Il faut avertir les parents ; il est mort ; réservez-lui un tiroir à la morgue. » L'homme couché sur la civière qui avait écouté avec attention le dialogue entre le médecin et le résident se mit à blanchir d'écume et beugla : « Pas la morgue, je suis vivant, bien vivant ! » Le docteur secoua la tête, se moucha bruyamment et se dirigea vers l'entrée d'une autre salle où attendaient d'autres malades. Deux brancardiers saisirent alors la civière et comme le malade continuait à mugir qu'il était bien vivant, l'un d'eux se fâcha : « Le docteur a dit que vous êtes mort, vous êtes mort, que diantre ! fouink ! » Saisi de stupeur, le malade hoqueta, s'étouffa, râla un souffle, son dernier. Le docteur B... se retourna, jeta un coup d'œil sur le cadavre, s'adressa aux internes ébahis : « Ça, messieurs, c'est le fruit de l'expérience. » De nouveau, il se moucha avec ostentation.

Le docteur M... décida de me garder à l'hôpital et félicita ma mère de sa diligence. « Avec ce genre de cas, le plus tôt est le mieux. » On me mit, avec d'autres enfants, dans une chambre commune ouverte sur une cour intérieure où fleurissaient des flamboyants. Implacable, le soleil couchant teintait d'or les fleurs. Les flamboyants quand ils fleurissent sont chéris des abeilles : leur bourdonnement qui s'amplifiait dans le silence me semblait provenir d'une vibration interne qui métamorphosait d'un coup les flamboyants en arbres musiciens. Après le départ de ma mère, claustré au lit, front en nage, tempes battantes, tous les feux de l'enfer allumés, les quatre membres crispés, je vécus les affres de l'insomnie, essayant de trouver, chaque fois, sans succès, la combinaison qui m'aiderait à atteindre l'éden d'une aube ensoleillée.

À cette époque, je ne savais pas encore que j'entrais dans un cycle permanent : nocturnes sueurs, accès de fièvre, goût de ricin me condammant à garder le lit durant des jours. Je ne savais pas que désormais mes saisons seraient rythmées par d'intermittents séjours à l'hôpital, que je devrais m'accommoder de la nourriture d'hôpital, de la prise matinale de sang, du pépiement, tôt le matin, des infirmières, du bruit qu'elles font en se déplaçant. Elles martèlent le sol de leurs talons et racontent tout haut leur intimité dans les couloirs, achevant de chasser les ombres de la nuit.

XII

La voix du père Greenenberger nous tira de la douce moiteur de l'avant-midi. Muni d'un porte-voix, il ordonna un rassemblement général de tous les élèves, grands et petits, dans la cour de récréation que dominait son perron de préfet de discipline. Mes souvenirs de gamin me renvoient le portrait d'un géant, aux mains puissantes et fortes qui pouvaient empoigner d'un seul coup deux galopins trop turbulents. Une barbe gris cendré taillée avec soin et des yeux pers qui passaient par toutes les teintes du bleu ou du vert, selon son humeur, selon que la lumière du jour éclairait ses pupilles sous un angle ou un autre. L'homme possédait la tranquille assurance de ceux qui détiennent l'autorité. Sa voix résonnait d'une profonde gravité, une voix de stentor, impérative, capable de frapper d'un irrépressible tremblement le plus fanfaron d'entre nous. Curieuse, cette remontée des détails. Le père Greenenberger sonna d'une main énergique une clochette pour réclamer le silence. Le même geste qu'il aurait posé s'il devait brandir le ciboire, la croix ou l'hostie pour débarrasser l'âme d'un pêcheur des griffes du démon. Il déploya un poster grandeur nature, l'effigie d'un homme qu'on n'avait aucune peine à deviner petit de taille. Un moustachu aux yeux légèrement bridés avec, dans le regard, une lueur de cruauté. Sa vareuse militaire que je crus, allez savoir pourquoi, anthracite, était garnie de boutons, tous soigneusement attachés.

Le père Greenenberger en nous parlant fixait l'infini au-dessus de nos têtes. Il nous demanda de bien regarder cette photo, il fallait qu'on se souvienne toute notre vie de cet homme. J'avais peine à réprimer un fou rire parce que j'avais coutume de voir, durant la période de carnaval, des masques de généralissime, de Charles Oscar, des personnages appartenant à la légende locale et qui lui ressemblaient trait pour trait. Le père Greenenberger dénonçait la férocité de ce tyran qui se faisait appeler le *Petit Père du peuple*. Dans sa voix perçait une haine sacrée, une haine sans merci. Tout cela me semblait à la fois irréel et cocasse. J'en ai conclu sur-le-champ qu'il s'agissait d'une querelle de clochers, que ce moustachu devait être un rival du père Greenenberger. Il n'y avait pas là de quoi fouetter un chat. Les choses prirent une allure plus sérieuse lorsque le père Greenenberger annonça qu'il fallait, aujourd'hui et tous les jours à venir, prier pour le repos de l'âme de cet enfant de Lucifer. Il décréta sur-le-champ une semaine de prières et d'actions de grâce pour remercier le ciel et le Créateur d'avoir débarrassé la terre de ce monstre dévoreur de vie. On pouvait entendre passer un bataillon d'anges. Un élève des classes terminales qui, pendant tout le temps que dura cette harangue, hochait la tête se mit à tirer du clairon un air lugubre, funèbre qui me donna la chair de poule. Joseph Staline venait d'entrer dans ma vie.

Je continuais à rire sous cape. Je ne connaissais pas ce dénommé Joseph Staline. Je ne savais même pas sur quelle latitude situer la Russie. Toutefois, Staline venait bel et bien d'entrer dans ma vie et, avec son effigie en noir et blanc, des mots comme : lutte des classes, communisme, révolution. Ce jour-là, la curiosité qui me démangea fut si grande que j'ai séché le cours de mathématiques du père Muller et me suis dépêché d'aller à la bibliothèque nationale consulter le fichier des auteurs et des titres. Pas une ombre de ligne sur Staline. Je suis allé en courant à la bibliothèque de l'Institut français, une bibliothèque mieux garnie et qui avait l'avantage de recevoir, le jour même de leur parution, les grands journaux de Paris et une quantité incalculable de revues. J'appris que Joseph Staline mourut bel et bien le 5 mars 1953 et que le bruit courait, avec insistance, qu'il aurait été empoisonné. La presse m'apprit que cet homme était de son vivant un mythe, une légende qui continuera à jouer, pour longtemps encore, un rôle important dans la vie des peuples. On s'attendait, pour ses funérailles, à une crise d'hystérie collective, puisque des plus lointaines régions de l'Oural, de la Sibérie, du Caucase, déferlaient des hordes venues saluer la dépouille du camarade Staline, leur « plus précieux capital ». Tout un monde s'ouvrait devant moi, et, des années plus tard, je continuai à m'intéresser à Staline, à sa mémoire et à sa postérité. Ainsi j'appris que son fils Vassili eut une fin de vie sordide, commettant sans cesse des délits liés à son alcoolisme, allant de prison en hôpital, refusant le changement de nom qu'on lui proposait. Il fut envoyé finalement à Kazan, par décision de justice, et mourut dans cette ville en mars 1962. Sur sa tombe, on grava le vrai nom de son père, Djougachvili, un nom géorgien que celui de Staline avait laissé dans l'ombre. Par la suite, j'ai lu tout ce que je pouvais trouver sur l'Union soviétique, le communisme. Dieu! Que j'ai chanté *L'affiche rouge*, le *Chant des partisans*! Que j'ai chanté la « Chine s'est mise en commune »! Que je me suis miré dans les yeux d'Elsa! Que de fois n'ai-je écrit sur mon cahier d'écolier : Liberté. Je venais d'avoir treize ans. Finies les joyeuses promenades nocturnes, les fêtes juvéniles dans la touffeur de juillet. Finie l'innocence et ses mille eaux.

Comment trouver des mots pour l'angoisse qui m'étreignait? D'un côté, je savais que l'enfance, ce vert paradis, et sa litière dorée de songes, avait filé; de l'autre, je voyais s'ouvrir devant moi le monde adulte. J'étais à cheval sur la crête d'une haute

171

chaîne de montagnes, crête aussi étroite que le tranchant d'un couteau. Le savais-je vraiment à l'époque? Ou le devinai-je? qu'être adulte ce serait me frayer un chemin à travers les bifurcations multiples et des cheminements sinueux, discontinus, opaques; que je marcherais toute ma vie vers des Terres promises; que j'allongerais la route sans pour autant changer de désert: accepter de se perdre, faire demi-tour, croire qu'on s'approche de l'oasis alors qu'on s'en éloigne, constater qu'on s'en éloigne alors qu'elle est à portée de main. Comment aurais-je su à l'époque que je prendrais mon bâton de pèlerin et que j'irais sur des routes de dunes et de sables, tantôt juif errant, pèlerin d'un éternel chemin, tantôt ramier sauvage aux ailes de plomb qui rêve de lévitation mais que la gravité oblige faute de mieux à choisir la marche. « Où va-t-il? » demandent ceux qui croisent ma route. Il ne le sait pas! Ici! Là! Partout! Nulle part! Il s'en va quelque part dans l'inachevé. Le temps, entre-temps, s'est avancé avec sa pesanteur de larmes, de limons et de cendres. Après tant de périples, tant de dérives, tant d'égarements, je croyais que le chemin s'était effacé et qu'il ne restait plus de traces, après tant de pluies, tant de brouillards, tant de crues.

Tu as coulé ta vie comme le fleuve coule ses courants, à la fois libre de tes sentes, de tes calmes et de tes tourments, à la fois tributaire des obstacles, que tu as su ou n'as pas su contourner, et des écueils où les mots se sont éclaboussés, prison-

niers des rives, mots inéluctables, vivant, entre
l'amont et l'aval, l'instant présent. Tu savais au
moins une chose : les livres sont des bateaux, et les
mots, leur équipage. Leur lumière a éclairé ta
route, comme la flamme s'avive joyeusement sous
le souffle du vent.

PETITE ANNONCE

Cherche petit coin de terre, sans scorpions,
Ni serpents, ni mille-pattes, ni lézards géants
Mangeurs d'espèces.

Cherche petit coin de terre avec mapou géant
S'il n'en existe pas, j'en dessinerai
Sur de grands cartons
J'en planterai pour les papillons
Et pour les oiseaux tapageurs.

Cherche un mouchoir de poche
De poche de terre
Où je pourrai me tenir, en équilibre
Ange sur la tête d'une épingle.

HAUTE ENFANCE

Titres parus aux Éditions Gallimard :

Patrick Chamoiseau, *Antan d'enfance*, 1993 (Folio n° 2844).

Raphaël Confiant, *Ravines du devant-jour*, 1993 (Folio n° 2706).

Junichirô Tanizaki, *Années d'enfance*, traduit du japonais et annoté par Marc Mécréant, 1993.

Luchino Visconti, *Le roman d'Angelo*, traduit de l'italien et présenté par René de Ceccatty, 1993.

Patrick Chamoiseau, *Chemin-d'école*, 1994 (Folio n° 2843).

Régine Detambel, *La lune dans le rectangle du patio*, 1994.

Patrick Drevet, *La micheline*, 1994.

Rabah Belamri, *Mémoire en archipel*, 1994.

Jean-Noël Pancrazi, *Madame Arnoul*, 1995 (Folio n° 2925).

Paul Fournel, *Le jour que je suis grand*, 1995.

Jean-Baptiste Niel, *La maison Niel*, 1995.

Henri Raczymow, *Quartier libre*, 1995.

Chantal Thomas, *La vie réelle des petites filles*, 1995.

Jean-Noël Vuarnet, *L'Aigle-Mère*, 1995.

Diane de Margerie, *Dans la spirale*, 1996.

Daniel Conrod, *Moi les animaux, 1996.*

Kenzaburô Ôé, *Arrachez les bourgeons, tirez sur les enfants*, traduit du japonais par Ryôji Nakamura et René de Ceccatty, 1996.

Rabah Belamri, *Chronique du temps de l'innocence*, postface de René de Ceccatty, 1996.

Jerome Charyn, *La belle ténébreuse de Biélorussie*, traduit de l'anglais (États-Unis) par Marc Chénetier, 1997 (Folio n° 3078).

Jacques Drillon, *Children's corner*, 1997.

Collectif, *Une enfance algérienne*, 1997 (Folio n° 3171).

Élisabeth Préault, *Les visages pâles*, 1997.

Jacques Roubaud, *Le Chevalier Silence*, 1997.

Émile Copfermann, *Dès les premiers jours de l'automne, 1997.*

Maurice Roche, *Un petit rien-du-tout tout neuf plié dans une feuille de persil*, préface d'Édouard Glissant, 1997.

Régine Detambel, *L'écrivaillon ou L'enfance de l'écriture*, 1998.

Gérard Spitéri, *Bonheur d'exil*, 1998.

Annie Cohen, *Bésame mucho*, 1998.

Pierre Péju, *Naissances*, 1998 (Folio n° 3384).

Wilhelm Dichter, *Le cheval du Bon Dieu*, traduit du polonais par Martin Nowoszewski, préface de Stanislaw Baranczak, 1998.

Jean Thibaudeau, *Souvenirs de guerre*, suivi de *Dialogues de l'aube*, 1998.

Alan Jolis, *Le soleil de mes jours*, traduit de l'anglais (États-Unis) par Marie-Claude Peugeot, 1999.

Émile Ollivier, *Mille eaux*, 1999.

Jerome Charyn, *Le Cygne Noir*, traduit de l'anglais (États-Unis) par Marc Chénetier, 2000.

Jean-Louis Baudry, *L'âge de la lecture*, 2000.

Ahmed Abodehman, *La ceinture*, 2000.

Raphaël Confiant, *Le cahier de romances*, 2000.

Zoé Valdés, *Le pied de mon père*, traduit de l'espagnol (Cuba) par Carmen Val Julián, 2000.

Florence Delaporte, *Le poisson dans l'arbre*, 2001.

Annie Cohen, *La dure-mère*, 2001.

Lucienne Sinzelle, *Mon Malagar*, préfaces de José Cabanis et Jean Mauriac, 2001.

Anne-Constance Vigier, *Le secret du peintre Ostende*, 2001.

Bona de Mandiargues, *Vivre en herbe*, traduit de l'italien par Claude Bonnafont, préface de Sibylle Pieyre de Mandiargues, 2001.

Sheila Kohler, *Splash*, traduit de l'anglais par Michèle Hechter, 2001.

Barry Gifford, *Wyoming*, traduit de l'anglais (États-Unis) par Claire Céra, 2002.

Paul West, *Mother's Music*, traduit de l'anglais par Jean Pavans, 2002.

Jérôme d'Astier, *Les bois de l'aube*, 2002.

Françoise Benassis, *L'infante*, 2003.

Nicola Barker, *Géante*, traduit de l'anglais par Catherine Gilbert, 2003.

Ben Faccini, *L'enfant du milieu*, traduit de l'anglais par Claire Céra, 2003.

Mathieu Riboulet, *Âmes inachevées*, 2004.

Jérôme Charyn, *Bronx Boy*, traduit de l'anglais (États-Unis) par Marc Chénetier, 2004.

Olivier Bleys, *L'enfance de croire*, 2004.

Antonio Martínez, *Moi, Julia*, traduit de l'espagnol par Serge Mestre, 2004.

Daniel Maximin, *Tu, c'est l'enfance*, 2004.
Jacques-Rémy Girerd, *Cœur de trèfle*, 2004.
Sabine de Muralt, *Tout un monde*, 2004.
Patrick Chamoiseau, *À bout d'enfance*, 2005.
Henri Raczymow, *Reliques*, 2005.
Jeanne Herry, *80 étés*, 2005.

*Reproduit et achevé d'imprimer
par Evidence au Plessis-Trévise,
le 21 septembre 2005.
Dépôt légal : septembre 2005.
1ᵉʳ dépôt légal : mars 1999.
Numéro d'imprimeur : 2361.*

ISBN 2-07-075502-9/Imprimé en France.

138129